# 研究生课程：
# 研究性教学的探索与实践

北京航空航天大学研究生院　编

北京航空航天大学出版社
BEIHANG UNIVERSITY PRESS

## 内 容 简 介

本书通过五篇写实报道,记录了近五年来北京航空航天大学研究生课程研究性教学改革探索和实践的过程,并由北京航空航天大学研究生院与党委宣传部合作,以研究性教学示范研究生课程系列报道为题,在《北航校报》陆续刊出,现汇集成册出版。

本书可为从事研究生课程教学的任课教师提供研究性教学的参考范本,同时也可为从事其他教学研究的任课教师及管理人员提供借鉴与参考。

**图书在版编目(CIP)数据**

研究生课程:研究性教学的探索与实践/北京航空航天大学研究生院编. -- 北京:北京航空航天大学出版社,2021.5

ISBN 978-7-5124-3514-8

Ⅰ.①研… Ⅱ.①北… Ⅲ.①研究生教育—教学研究 Ⅳ.① G643

中国版本图书馆 CIP 数据核字(2021)第 087431 号

**版权所有,侵权必究。**

研究生课程:研究性教学的探索与实践
北京航空航天大学研究生院 编
责任编辑 蔡 喆
\*
北京航空航天大学出版社出版发行
北京市海淀区学院路37号(邮编100191) http://www.buaapress.com.cn
发行部电话:(010)82317024 传真:(010)82328026
读者信箱:goodtextbook@126.com 邮购电话:(010)82316936
涿州市新华印刷有限公司印装 各地书店经销
\*
开本:710×1000 1/16 印张:9.5 字数:86千字
2021年6月第1版 2021年6月第1次印刷 印数:2500册
ISBN 978-7-5124-3514-8 定价:49.00元

若本书有倒页、脱页、缺页等印装质量问题,请与本社发行部联系调换。联系电话:010-82317024

# 探索与实践研究性课程教学，提升研究生学术精神和创新能力[①]

（序）

党的十八大以来，党中央进一步强化建设创新型国家宏伟目标，统筹推进建设一批双一流大学。北京航空航天大学在建设世界一流大学的征程中，学习借鉴海内外一流研究型大学培养研究生的先进经验，明确研究生课程学习环节是培养研究生创新能力的重要阶段，必须抛弃传统的灌输式教学方法，探索适应社会发展进步、符合认识规律的研究性教学模式，加强研究生创新、创造能力的培养。

2018年，习近平总书记在全国教育大会上强调要努力构

---

[①] 此文原载于2021年01月14日北京航空航天大学新闻网，2021年01月21日《北航校报》第一版，收录入本书时略有删改。

建德智体美劳全面培养的教育体系，形成更高水平的人才培养体系。①恰逢其时，北航研究生院与党委宣传部合作，自2019年3月至2020年10月在《北航校报》陆续推出了第一批五门研究性教学示范研究生课程的系列新闻报道。每篇报道都贯彻了实事求是的精神，都有同行资深专家对该课程作出评价，指出该课程研究性的特色，从而为广大教师提供可信的、可学习的参考样本。该系列报道在我校师生中引起了广泛关注。

为进一步推动研究生教学改革的深入发展，现将这五门研究性教学探索的课程报道汇集出版，供老师们参考。

我校这五门研究性教学示范课程的教学目标是培养研究生具有从事研究能力的基本素质，具有如下特点：

**突出了"育"字**。以课程为平台，将唯物辩证法的教育与科学精神的培养融合贯穿在教学全过程中，提高了研究生正确认识问题、分析问题、提出问题和解决问题的能力，增强了研究生的家国情怀和责任担当。这些课程的授课教师学术严谨，备课充分，注重教师自身的"身体力行"作用。

**突出了"探"字**。探究和批判性是研究性教学的根本和

---

① 习近平总书记在全国教育大会上的讲话报道。http://edu.people.com.cn/n1/2018/0911/c1053-30286253.html

实质，是培养创新、创造能力的基础。激发研究生善于质疑、勇于探索和批判、敢于发现问题及解决问题的能力，鼓励研究生自主学习和探讨。这些课程的授课教师不是纯粹的"教书匠"，而是引导研究生不断与之共同探索的"研究者"。

**突出了"新"字**。科教融合、产教融合，引入最前沿的科研与行业发展动态，传播新知识、新方法和新路径，更好地激发研究生的创新意识与创新思维。

**突出了"导"字**。教师在教学过程中发挥重要的引导和指导作用，在学习内容、方法、方向上给予指导，倡导研究生通过团队合作的方式来学习、研究和实践，引导研究生主动学习、学会学习，提高研究生参与教学过程的自觉性和参与能力。

**突出了"动"字**。以问题为导向，课堂上不断创设问题情景，引导研究生讨论、交流、互动与探究，与研究生相互学习、相互启发、相互促进，避免教师满堂灌，突出研究生的主体地位。

总之，这些课程以"课程思政"为引领，将教学活动与研究活动相结合，教师主导与学生主体相结合，课内学习与课外拓展相结合，知识传承与知识创新相结合，将知识传授、能力培养和素质提升有机融合在一起，基本实现了研究性教学，受到了研究生的欢迎与高度评价。

当前，我们身处两个"百年梦想"的历史交汇点上，世界正处于百年未有之大变局，我国面临着严峻的挑战和机遇。从某种意义上说，缩小与世界一流研究型大学人才培养质量的差距，尤其是研究生培养质量的差距，决定着我国的未来。

2020年7月29日，在首次全国研究生教育会议上，习近平总书记作出重要指示[①]，强调研究生教育要适应党和国家事业发展需要，要培养造就大批德才兼备的高层次人才。学校将深入贯彻落实中央领导同志重要指示精神和全国研究生教育会议精神，实施新时代立德树人工程，加强人才培养顶层设计，推进研究生教育内涵式发展，深化科教融合与产教融合研究生培养模式，着力改进研究生培养体系，健全培养过程质量保障体系，提升研究生创新能力。在课程建设方面，努力把北航的科技创新优势转化为研究性教学优势，将持续推动对标国际、结合中国特色的本、研一流课程体系建设及研究生精品示范课程建设，立足"课程思政"，不断探索与实践研究性教学，创造新办法、新经验，增强我校研究生教育的竞争力、吸引力和培养能力。我们期待有第二批、第三批研究性教学示范课程的产

---

① 习近平对研究生教育工作作出重要指示。http://www.xinhuanet.com/politics/leaders/2020-07-29/c_1126301069.htm

生，有大量的研究性教学及其团队在北航校园里持续不断地涌现。

北京航空航天大学副校长

北京航空航天大学研究生院院长

（黄海军）

# 前　言[1]

习近平总书记指出,"发展是第一要务,人才是第一资源,创新是第一动力"[2]。国家强起来要靠创新,创新要靠人才。据此,中央适时提出了关于"双一流"建设的重大战略,引导和支持具备一定实力的高水平大学和高水平学科瞄准世界一流,培养拔尖创新人才。北京航空航天大学在建设扎根中国大地的世界一流大学的征程中,要始终坚持以习近平新时代中国特色社会主义思想为指导,以"九个坚持[3]"指导教育改革发展,坚持立德树人根本任务,着力培养具有高度的国家使命感和社会责任感、学科基础扎实、具有自主学习能力、创新精神和实

---

[1] 此文原载于2019年2月27日北京航空航天大学新闻网,2019年3月1日《北航校报》第三版,收录入本书时略有删改。
[2] 习近平在十三届全国人大一次会议参加广东代表团审议时的讲话。http://www.gov.cn/xinwen/2018-03/07/content_5272045.htm
[3] 中共教育部党组关于认真学习贯彻全国教育大会精神的通知（教党〔2018〕50号）。http://www.moe.gov.cn/jyb_xwfb/gzdt_gzdt/s5987/201809/t20180915_348868.html

研究生课程：研究性教学的探索与实践

践能力的人才，使之成长为"理想高远、学识一流、胸怀寰宇、致真唯实的领军领导人才"。

研究生教育的核心在"研究"。研究生的创新能力，体现在创新性地认识问题、分析问题、提出问题和解决问题的能力。研究生创新能力的培养，贯穿在研究生整个培养的全过程。研究生课程学习，是培养研究生创新能力的重要阶段，"在研究生成长成才中具有全面、综合和基础性作用。重视课程学习，加强课程建设，是提升研究生科研能力、创新能力、实践能力的重要手段，是当前深化研究生教育改革的重要任务[①]"。

当前，提高我校研究生课程质量的迫切任务是要建立名师上核心课程的培养机制，逐渐形成北航"双一流"高校高质量人才培养的生态环境；以"课程思政[②]"引领，由知识灌输型教学模式向以学生为中心的研究性教学模式转变，切实提高学生提出问题、分析问题、解决问题的能力；把北航的科技发展优势转化为教改资源优势，实现科教融合，进一步推动研究性教学的深入发展，提高人才培养质量；针对我校具有全国范围影响力的品牌核心课程太少的现状，加强品牌课程信息化建设

---

① 教育部关于改进和加强研究生课程建设的意见（教研〔2014〕5号）。http://www.moe.gov.cn/srcsite/A22/s7065/201412/t20141205_1

② 教育部关于印发《高等学校课程思政建设指导纲要》的通知（教高〔2020〕3号）。http://www.moe.gov.cn/srcsite/A08/s7056/202006/t20200603_462437.html

刻不容缓。

多年来，我校研究生课程建设有了长足的进步和发展，精品课程建设取得了显著的成效，很多老师在研究性教学方面做了积极的探索。在研究生院与各学院推荐课程的基础上，三年多来我校研究生教育督导评估组专家深入教学第一线，旁听了 40 余门次课，全程跟踪与培育研究生课程教学的研究性，与任课教师及研究生进行了充分的交流，并与研究生院一起广泛听取课程所在学院领导、教师及研究生的意见，于 2018 年秋季慎重推出第一批 5 门研究性教学示范研究生课程。这些课程的授课教师/教学团队全力投入教学工作，认真负责，学术严谨，备课充分，注重教师自身的"身教"作用，不是纯粹的"教书匠"，而是引导研究生共同不断探索的"研究者"；这些课程以问题和研究生学习成果为导向，遵循教学规律，跟踪世界前沿，通过文献精读研讨、基于团队开放式大作业/小课题研究等多种方式，"合理提升学业挑战度、增加课程难度、拓展课程深度[①]"，将知识传授、能力培养和素质提升有机融合在一起，基本实现了研究性的教学模式，受到了研究生的欢迎与高度评价；尽管这五门课还有许多提升的空间，但代表了北航高

---

① 教育部《关于狠抓新时代全国高等学校本科教育工作会议精神落实的通知》（教高函〔2018〕8号）。http://www.moe.gov.cn/srcsite/A08/s7056/201809/t20180903_347079.html

研究生课程：研究性教学的探索与实践

质量研究生课程前进的方向。

新时代，要有新要求、新举措。教学工作是一项富有创造性和挑战性的工作，每一门优秀的研究生课程都凝结着老师们的心血和智慧。他们在教学中精益求精，开拓创新，形成了各自的特色和优势，积累了宝贵的经验，对全校的研究生课程教学具有引领和带动效应。希望通过对这些课程的宣传报道，能够使更多教师从中得到启发、借鉴和激励，互相学习，取长补短，共同提高，肩负"立德树人、教书育人"的核心使命，以潜心育英才为崇高追求，不断推进北航研究生人才培养质量的提升。

中国科学院院士
北京航空航天大学教学指导委员会主任
北京航空航天大学研究生教学督导评估组组长
（郑志明）

# 目 录

探索与实践研究性课程教学，提升研究生学术精神和创新能力 （序）

前 言

一种知识转移与学术研究一体化的研究性教学新模式
  ——记研究生课程"生产与运作管理"的设计与实践 ………… 1

"粘性流体力学"教学设计与实践：学生为本 因材施教 ………… 15

基本科研素养训练之路
  ——记研究生"模式识别"课程的教学设计与实践 ………… 33

面向工程能力培养的互动式教学模式
  ——研究性教学示范研究生课程"高等软件工程"答记者问 …… 47

探究为要 多措并举
  ——"抽象代数Ⅱ"课程研究性教学的探索与实践 ………… 65

附录 研究生课程研究性教学文献调研综述 ………… 81
  一、研究性教学的特点 ………… 85
  二、研究性教学国外简况 ………… 90
  三、研究性教学国内发展简况 ………… 103
  四、提高研究生课程教学研究性质量的意见和建议 ………… 117

五、结束语 ……………………………………………………… 125

　　参考文献 ………………………………………………………… 125

北京航空航天大学第五届研究生教育督导评估组成员名单 …………… 131

后　　记 …………………………………………………………………… 135

# 一种知识转移与学术研究一体化的研究性教学新模式[①]

## ——记研究生课程"生产与运作管理"的设计与实践

---

[①] 此文原载于 2019 年 2 月 26 日北京航空航天大学新闻网,2019 年 3 月 1 日《北航校报》第三版,收录入本书时略有删改。

一种知识转移与学术研究一体化的研究性教学新模式

　　研究生教育的目标是培养研究和创新型人才。在研究生课程教学活动中应充分重视培养研究生的研究和创新能力。研究生的根本任务就是要学会做研究。美国学者克拉克在谈及研究生教育时有言"以科研为首要成分。教授的作用在于把科研和教学结合起来——使科研活动十分恰当地成为一种教学模式。研究生的作用就是把科研和学习结合起来——让科研活动转变为一种学习模式"。这一观点明确指出了研究生培养过程的本质特征，即研究生培养过程必须融入"研究"的元素。

　　经济管理学院"生产与运作管理"课程是研究生院2018年秋季慎重推荐的第一批5门研究性教学示范课程之一。这门课程的建设已经有13年的时间了。其间，多次获得精品课程的评价和推荐，并曾在学校范围为青年教师做了示范性教学观摩，课程建设取得了突出的成绩。该门课程注重将科研和教学相结合，创新的教学模式为我校研究生教学改革踏出了坚实的一步，相应的教学成果、心得体会已发表在国家研究生教学的核心期刊上。①

---

① 王晶，等. 研究生"生产与运作管理"研究型课程设计与实施[J]. 学位与研究生教育, 2012, 000（006）:35-39.

研究生课程：研究性教学的探索与实践

## 建设目标：培养研究生研究问题方法和能力

2017年12月14日，研究生培养处主持将经济管理学院校级精品课"生产与运作管理"推荐为校研究生候选示范课的座谈会在新主楼612会议室召开。会上，课程负责人王晶向研究生院、校研究生教育督导评估组、学院相关领导、老师报告了该课程的最新建设情况。

该课程是经济管理学院工商管理、管理科学与工程两个专业的学位课程，在研究生培养方案中占有重要地位。为了满足社会环境对研究型和创新型人才的需求，该课程团队对社会环境变化、研究生需求、课程教学内容及教学模式等进行了深入的分析和研究。他们深刻剖析培养研究型人才的意义，充分了解当前研究生生源结构的特点，明确研究生对专业课程学习的需求，分析和解决培养目标与研究生需求之间的矛盾。在为社会培养急需的研究型、创新型人才的同时，也尝试解决长期以来困扰教师教学与科研之间的矛盾，提高了教师的教学和科研水平，让"科研教学两手抓，两手都要硬"成为了可能。

在此基础上，课程团队确定了以实现研究型人才培养目标为中心，由课程建设目标、师资队伍、教学内容、教学模式、研究生参与和教学管理6个部分构成的课程整体结构。在报告中王晶谈到，"这个结构中，必须在课程设计阶段明确的内容

一种知识转移与学术研究一体化的研究性教学新模式

有三点:课程建设目标、师资队伍和教学内容。"也就是"为什么改、让谁来教、用什么教"的问题。

为什么改——一直以来,生产与运作管理在学术研究和企业生产实践中都是最活跃、最受关注的方面。在生产与运作管理领域,新思想、新理论、新方法层出不穷,这也给我们的课程研究性设计提供了优越的条件。而传统研究生课程教学主要采用教师讲、学生听的教学模式,以教师、教材、课堂为中心,学生则是被动听讲,参与较少,课程学习与科研脱节,不能适应国家培养研究型与创新型人才的要求。因此,该课程建设目标:在建设创新型国家和创新型大学的整体环境中,通过研究性教学课程培养研究生研究问题方法和能力;发挥课程组在生产与运作管理领域的科研优势,把"生产与运作管理"建设成国内一流的精品课程;组建研究型师资队伍,实现师资队伍的可持续发展;分析人才培养的需求和特点,探索并不断完善研究性教学。为此课程组提出了融研究型的师资队伍、与学术研究同步的教材、知识转移与学术研究一体化的教学过程、精细化全程教学管理于一体的综合创新课程建设理念。

让谁来教——研究性教学的课程需要研究型的教师。课程团队由4位研究型教师组成,他们都是生产与运作管理领域的知名学者,都活跃在学术研究最前沿,而且4位教师的研究领域构成了互补关系，覆盖了本领域的主要研究方向。课程团队通过充分的讨论建立起对该课程的共识。每位教师对整个课程教学内容都充分了解，保证在教学内容上实现互补和衔接。课程团队每位教师承担一个专题的讲授并指导研究生研讨相关专题学术论文。教师之间在原有学术交流与合作的基础上通过讨论、听课、接力传递管理文件等方式实现了教学内容与计划的无缝衔接。

用什么教——该课程的教学内容由三个主要部分构成，即最新研究动态与研究成果讲授部分、学术论文研读部分、课程论文研究部分。为体现该学科最新的研究进展和研究成果，理论联系实际，有规范的定量研究方法，每个学年课程团队老师会共同研讨，挑选出 10 余篇国际先进科研文献，形成论文集，印刷成册作为课程讲义。每位教师结合自己当前的研究课题，讲解自己最熟悉、理解最深入的内容；教授学科前沿内容、研究思路与方法；引导研究生通过论文研读、实际调研、课程论文研究等研究性学习活动，培养其分析和解决问题的能力。

## 教学模式：知识转移与学术研究一体化

2009 年 5 月 14 日，主 M 大教室。一堂北航建校以来第一次有 130 多位青年教师观摩 31 名研究生上课的公开课正在

一种知识转移与学术研究一体化的研究性教学新模式

进行。

这节课是经济管理学院王晶教授主讲的"生产运作与管理"研究生课程在第三届青年教师教学业务基础培训班的公开观摩课，整节课师生配合默契，课堂教学结构紧凑，学术研讨气氛浓郁，研究性教学特色突出，受到了观摩青年教师的极大好评。有听课的教师评价："创新的授课方式突破了教的传统理念，课堂激发了研究生的学习兴趣和求知欲，能够启发研究生分析、研究、解决新问题的能力，紧跟世界前沿，确是研究性、参与性的教学方法，非常精彩！"当年10月，王晶教授受邀在第二届青年教师教学业务培训提高班做教学报告，与青年教师就他们感兴趣的教学内容与细节进行了对话交流，受到广泛好评。

经过多年的教学实践，课程团队成员一致认为，研究性课程教学需要有效的教学方法支持。该课程总结出的研究性教学方法主要包括三个方面，即研究性讲授、研究性学习和研究性应用。在教学中，教师讲授时间占三分之二，研究生研读论文时间占三分之一。在论文研读课上，研究生宣讲论文和学习体会时间占三分之二，教师提示、提问、讨论、点评的时间占三分之一。这种教学过程实现了知识转移与学术研究的一体化。

教师研究性讲授。一方面是以教师了解的企业应用现状

研究生课程：研究性教学的探索与实践

为素材，分析应用现状的理论依据和可能存在的问题；另一方面是以教师的研究课题和研究成果为背景讲授本领域的研究现状和最新进展，提出研究问题的思路，给研究生创造思考和提问的机会，在理论研究的讲解中开拓研究生的思考空间。教师讲授部分以教师自己的研究经验和体会为背景，使用对话式和启发式的方法，鼓励和调动研究生参与思考和讨论问题，着重介绍最新研究动态，传授研究问题的方法。

研究生研究性学习。该课程通过论文研读使研究生了解本领域理论研究的新动向、新方法和最新的研究成果，培养研究生的理论研究意识和能力。在论文研读和宣讲中发现问题和解决问题，发现论文中的疑点，可以将其作为进一步研究的出发点，也可以作为考察研究生学习成果的标准。在学术论文研讨环节，缜密的流程安排和合理的时间分配对提高研究生参与研讨的积极性非常重要。课程团队为此设计了具体执行方案，对全体研究生进行分组，指定学习任务，提出论文研读讲解要求，指导论文讲解方法，对研究生的学习效果进行监督检查，课上通过多种方式调动研究生参与讨论的积极性。

研究生研究性应用。该课程要求研究生对所学到的理论知识进行研究性应用。这主要是通过课程论文研究的形式实现的。课程要求每一位研究生完成一篇具有一定独创性的课程研究论文。这对研究生和教师都具有很强的挑战性，需要课程组教师对研究生进行有效的指导。课程团队要求研究生在课程进展到三分之二左右时提交研究计划。通过任课教师的审查和把关保证研究生所研究问题的理论意义。对一部分研究生指定课程论文研究课题，特别是对于在论文研读过程中发现了所研读的论文中存在问题的研究生。教师对课程论文进行严格的审查，评定成绩时将课程论文内容的创新性作为重要评价标准。

## 反馈评价：教学实践反哺课程设计

"'生产与运作管理'课程为我的研究生学习打开了一扇窗，使我深入了解了科研工作的思路和工作方式""能够和学术大家进行学术互动，听取他们在科研经验基础上的教学是一种全新的体验，非常好"等。这些评价如实地记录在每学期的课程反馈中。从2006年开始，该研究性教学模式创新设计与实施已经经过了13年多的实践检验，对研究生的持续跟踪调查，不断收集课程反馈，认真总结，细化课程，是课程团队一直在做的工作。

以2007年至2009年3年间学术型硕士研究生的跟踪调查为例，调查结果表明研究生学习效果显著，课程明显提高了研究生研究解决问题的能力。代表研究生对课程满意度的课后

研究生课程：研究性教学的探索与实践

研究生评价一直处在学院同类课程前 10% 的水平。对研究生学习效果的跟踪调查结果显示超过 75% 的研究生在课程中训练了研究问题的方法或者了解了相关领域的最新研究动态。这说明课程团队在研究性教学设计之初的目标已经实现。同时课题团队也在调查反馈中发现，此段时间内参加该课程学习的学术型硕士研究生在进行毕业论文课题研究时，有 54 人选择了与生产运作有关的研究课题。该课程对这些研究生的毕业论文选题起到了引导作用，也对其顺利完成课题研究提供了帮助。此外，由于受到该课程的积极影响，每年都有多位优秀硕士毕业生继续深造攻读博士学位，并取得出色的科研成果。

跟踪调查的作用远不止如此。在课程实施过程中，通过连续四年对 160 多位研究生的问卷调查发现，有 80% 以上的研究生承认攻读硕士学位的目的不是希望将来成为研究人员，而只是为将来找到更好的工作创造条件。相比之下，希望成为科研人员和为将来攻读博士学位做准备的研究生只占 10% 左右。在绝大多数研究生攻读硕士学位只是为找工作创造条件的情况下，要在课程中贯彻培养研究型人才的思想，显然会遇到严峻的挑战。对于这一现实问题，课程团队给出了有效的解决方案。通过认真深入的讨论分析，课程团队认为，为研究生就业创造条件和研究型人才培养并不矛盾，而且在新的社会环境中这两个目标实际上可以统一起来。在当今知识化、信息化的社会环境中，不管是政府机关还是研究机构，或是各类企事业单位，都在面对环境的急剧变化，都需要不断地解决新问题，需要有新型的研究型人才完成分析问题、解决问题的任务。这样的研究型人才将成为各类组织提高其生存和发展能力的重要资源。因此，研究性教学不应只拘泥于本门课程的具体研究对象，更重要的是教会了研究生科学地面对新问题、思考新问题和解决新问题，使其最终获得从事创新工作的能力。在用这个观点与研究生沟通的时候，得到了研究生的普遍认同。而在取得了研究生对培养研究型人才目的的认同后，课程设计也就具有了更坚实的基础和依据。

## 结束语

在十多年研究性教学的建设过程中，"生产与运作管理"课程团队教师深刻体会到：教师由课程的讲授者转变为课程组织者，由表演者转变为导演，由善于讲授变为既善于讲授又善于倾听和讨论，由局外人变为学习群体中的一员，由被动执行教学计划变为主动研究和设计课程内容和方法；研究型课程的教师需要更多地付出，要在课程设计、教材的选择、课程组织、研究生指导、研究生成绩评定、研究生研究课题的选题与实施、教学方法研究、企业调研等方面付出更多的时间和精力；对教师提出了更高的要求：教师应满足研究生的学习和研究要求，勇于面对更高水平的挑战，利用课程对教师科研活动产生促进作用，在教学中提高自身的教学和科研水平，寻找研究课题和灵感，使教师在教学和科研两方面得到同步发展。

2018年9月16日18时，把毕生的心血奉献给党的教育事业的"生产与运作管理"课程负责人王晶教授英年早逝，但王晶课题团队首创的知识转移与学术研究一体化的研究性教学模式对课程的持续建设和发展具有重要的理论创新与应用指导意义，其思想和经验也已被北航及其他同类院校更多专业课借鉴，为促进我国大学研究生教育水平的提高作出了贡献。

（撰稿人　刘毅然）

一种知识转移与学术研究一体化的研究性教学新模式

## 点 评

我校研究生课程"生产与运作管理"是经济管理学院工商管理和管理科学与工程两个一级学科的学位必修课程。该课程教学团队以加强研究生创新能力培养的目标为引领,针对研究生课程教学中普遍存在的以教师传授知识和学生被动学习的传统教学方式,经十余载研究性教学持之以恒的探索与实践,开创了知识转移与学术研究一体化的研究性教学新模式,取得了令人瞩目的突出效果。

该课程研究性教学模式的主要特色是:正确引领目标、响应学生需求、坚持名师上课、内容适时更新、授课与讨论并举、师生互动切磋、教学科研互补、教学管理精细,集教学理念的先进性、教学内容的前沿性、教学方式的研究性于一体,融知识转移、学术研究与学生创新能力的提升于课堂,是创新性的研究性教学模式,对我校研究生教学改革具有很强的示范性。

(**点评作者**:北京航空航天大学研究生教育督导评估组专家,原经济管理学院主管研究生教学副院长杨梅英教授)

# "粘性流体力学"教学设计与实践：
# 学生为本　因材施教[1]

---

[1] 此文原载于2019年5月24日北京航空航天大学新闻网，2019年6月1日《北航校报》第三版，收录入本书时略有删改。

# "粘性流体力学"教学设计与实践：学生为本　因材施教

能源与动力工程学院"粘性流体力学"课程是北航研究生教育改革探索的一个突出典型。作为第一批5门研究生教学研究性示范研究生课程之一，并且是北航唯一连续四年获得"研究生课程卓越教学奖"的课程，该课程的研究性教学建设已经有五年的时间了，以其独具个人特色的教学风格，风靡北航校园内外。该课程的突出特点在于始终把学生的收获当作唯一的判断准则，以学生为本，并且通过创造性的课程架构去建立研究性教学的新模式，对我校研究生课程整体教学质量的提高具有示范作用。

"粘性流体力学"是一门面向航空动力、热能工程等相关专业硕士和博士研究生的核心专业应用基础课程，要求研究生掌握粘性流体（尤其是湍流）的基本理论，了解前沿知识，为其从事流动相关的工程计算和实验研究打好基础。该课程每届听课人数接近200人，涉及专业面广，影响力强。作为一门涉及大量理论公式及数值计算的课程，讲起来一般是比较枯燥的。可是据校研究生教育督导评估组老师的反馈，在"粘性流体力学"的课堂上同学们总是注意力集中，几乎没有人玩手机，吸引他们的究竟是课程本身的魔力还是教师个人的魅力？

研究生课程:研究性教学的探索与实践

## 学生为本　点燃兴趣的火焰

苏格拉底说,"教育的本质是点燃火焰。"这句话被写在王洪伟编写的教材《我所理解的流体力学》(如图1所示)的前言里,其中还有句话发人深省:"事实上,好奇是人类的本能,而学习则是生活的本质,专门进行学习活动的教学怎么会成了磨灭学习兴趣的凶手了呢?"人人都知道,调动学生学习兴趣的重要性,但如何真正实现,却成为了令人困扰的难题。关于这一点,王洪伟着实有不少心得:学科发展史、生活实例、恰当的比喻以及教师科研中的感悟等都能提高学生的兴趣。但是仅仅如此或许忽略了大学教学的本质出发点,知识本身最重要,过于注重上课形式和技巧必然影响课程的研究性与深度。

原来,提高学生学习的自主性才是最重要的。学习的权利,始终在学生自己的手中。正如"你永远叫不醒一个装睡的人",二者都是同样的道理。教师需要做好的是一项引导性的工作,要真诚,不套路学生;要以身作则,注重身教和示范作用。在教学过程中不仅要帮助学生认清自己,发现自己的兴趣,也要帮助学生认清专业和行业,指明未来发展的方向。不过,给予自主和施加引导又像是两根互相纠缠牵制的绳索,如何把握其收与放的力度,还得看教师自身的功力。

"下落的雨滴,在你印象中,它的形状是不是球形的?"

"粘性流体力学"教学设计与实践：学生为本　因材施教

学生点点头。

图1　教材《我所理解的流体力学》封面

"其实并不是，受到空气阻力，下落的雨滴的形状应该更像是馒头（在黑板上画图解释），大的水滴还可能是趋向于雨伞形状的。结合刚才讲的稳定性理论，太大的雨滴在气动力作用下会被撕碎，这就是航空发动机燃烧室中的燃油雾化原理……"课堂上，王洪伟常常从一个简单的生活小例子开始，引申到具体的理论知识，还常常能联系到专业实际。严谨和通俗相结合，既保持了论述的科学性，又简单易懂方便了听者。即使不学相关专业知识，想必也能听懂个大概，而同时又能促进少数勤于思考的研究生举一反三、理论联系实际的能力。

研究生课程：研究性教学的探索与实践

王洪伟说："真正的互动是头脑的互动，而不是表现形式的讨论。"在他的课堂上坐一会儿，你会有更深刻的体验。台上，他讲得行云流水；台下，大家听得聚精会神。特别的是，老师明明不怎么提问，学生们却在台下"抢答"。他在课上很少有当场讨论，也"从不说题外话"，但学生们爱听，不但紧跟他的节奏去思考，还能顺着他的思路"往下说"。看似是无心插柳，其实却投入了大量的备课心血。

"在我还是一个学生的时候，在课堂上学习知识之余，还有个爱好就是研究老师的讲解方式。"王洪伟这样说道，"通过对比我和老师对知识的理解，分析为什么老师这样讲就能听懂，那样讲就听不懂。"在他成为一名教师以后，他也时常站在学生的角度上研究，怎样讲学生才更容易理解。所谓教学相长，在十多年的教学工作中，从一开始的注重备课和教学方法，到后来的注重知识的理解和学生的反应，王洪伟完成了从教育者到学习者的一个反向转化过程。

在教学中，王洪伟尤其强调对知识"再加工"的重要性，对一个问题会花大量的时间去理解，从数学公式、实验现象和基本力学原理的多个角度去分析和推导，反复推敲，自然能做到不疾不徐、胸有成竹。对知识深入理解后再以更加通俗易懂的语言表达出来，应该是科学工作者，尤其是教师们的责任和义务。实际上我们所学的知识都是或多或少地被"再加工"后输送出来的,这其实也是一个创造的过程。原创的发现和发明固然重要,对知识的"再加工"和传播才是让其发挥作用的关键。"粘性流体力学"的课程组织和内容安排,正是多年探索"再加工"的突出成果。

目前该课程有两位授课老师,王洪伟在课程方面负责基础理论教学和实验部分,柳阳威主要负责课程的湍流模型和数值计算部分。两位授课老师长期从事流体力学实验和计算研究工作,立足学术前沿,有深厚的知识功底和独特的思路见解。他们二人相辅相成,优势互补,为高质量授课提供了全方位的保障,共同打造了研究性示范研究生课程的典范。

## 因材施教　知识的薪火相传

"粘性流体力学"课堂上的学生来自不同的院系和专业,学习背景、基础和目的相差较大,加上课程内容基础知识多,涉及面广,进一步深入开展因材施教和研究性教学有较大难度。所谓"众口难调",如何才能够让更多的学生通过这门课程收获得更多,是课程组一直在思考的问题。

王洪伟将学生按照知识基础的强弱,以及善于思考能力的高低进行分层次教学,如图2所示。对于基础强又善于动脑思考的学生，他们具有极强的学习欲望和获取新知识的能力，并不需要过多地引导，很多时候教师要做的是给他们提供足够的资源，给予他们自身发展的空间。然而这样的学生毕竟是少数，中间的学生才是大多数。所谓"学而不思则罔，思而不学则殆"，一些基础较强的学生可能并不爱动脑思考，也就很难再上一层楼，而让那些基础薄弱的学生过于注重思考则无异于搭建空中楼阁。

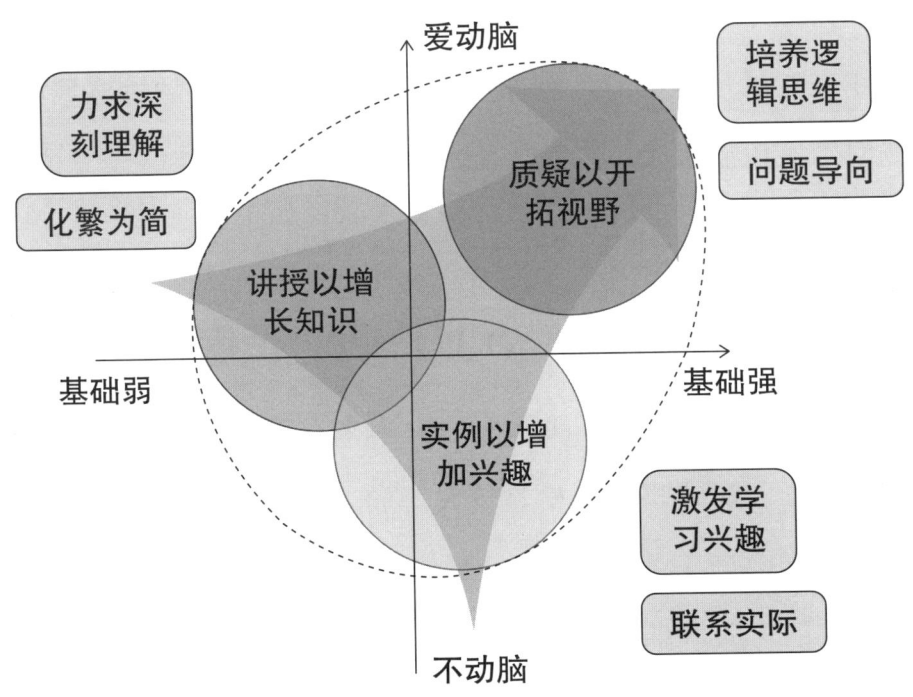

图 2 考虑学生特点的多维度分层次教学

对于这个问题，王洪伟说："在课堂上，教师要做好学生的'导游'，让尽可能多的学生参与到课堂中来"。对于基础薄弱的同学,通过课堂的讲授化繁为简,使其深刻理解,在潜移默化中增长知识;对于动脑能力弱的同学,则通过在课堂上穿插一些工程、生活中的实例,理论联系实际,激发其学习兴趣。"中间的学生受教师和教学方法影响很大。因为中间的学生是大多数,所以研究教学方法是很有必要的,但是一定要做到因材施教。"他说,"无论从学生本身还是从社会需求出发,并不是所有学生都需要培养成全面型的人才。有些学生无论从意愿和能力上都更适合做传统知识的'应用者',只要这部分学生掌握扎实的基本功,踏踏实实地找到合适自己的岗位,一样可以为国家为社会作出很大的贡献。至于那些潜在的勤于思考和发挥创造力的学生,激发他们的专业兴趣,培养提出问题和分析问题的批判性思维是高等教育的义务,也是研究性教学的落脚点之一。"

  课程组为了实现通过统一的讲授来达到因材施教的教学理念,在课程组织方面有以下特点:教师课前精心组织教学内容和讲授方式,浓缩知识要点,缩短对必要知识点的学习时间;节省下来的时间用于理论问题及工程、生活中实例的多角度分析;引导学生抓住问题的本质特征,比如动力学问题全都分析到牛顿定律的程度,能量问题全部都分析到热力学第一和第二定律的程度;针对学生专业背景不同的特点,从学生目前知识体系的角度去提出问题，经常联系力学、热力学、流体机械和热机等学科的知识，分析各学科对相同知识点的不同分析方法，这也有助于学生自身知识体系的完善；激发学生的求知欲，在每堂课讲透彻多数问题的情况下，对于只分析了表面原理的实例，一般学生认为已经明白，但少数学习好的同学会有继续研究明白的冲动。也就是说，所谓分层次教学，并不是教师去对学生分层次，而是由学生自主完成的。通过这种教学模式，学生根据自身的情况进行了分层次的学习，各有所得，极大地减少了一般教学中出现的基础好的学生"吃不饱"，基础差的学生"吃不了"的现象。

在课时的分配安排上，"粘性流体力学"课程更是下足了功夫。一共48个学时的课程，其中36个学时是基础理论的教学，分为4个基础章节的讲授，而其余12个学时则独创性地设置了三次专题课和两次讲座课，巩固日常学习的知识点并拓展科研思路。

三次专题课分别设置在各部分基础章节讲述完毕之后。专题课也是以教师讲授为主。但与基础理论课不同，专题课具有综合性，用到的基础知识分布在各章节，很难融入到正常的理论课顺序中去。三次专题课的针对性和目的各有不同。

第一次专题课，从牛顿定律和热功转换原理这样类似中学知识的基础出发，把流体力学放在动力学和热力学的学科框架中去讲，并分析它们的联系和异同。这样不但便于学生掌握本课程的知识，更能促进学生融会贯通的能力，完善知识体系，拓宽科学视野，这些都有助于源头性创新。

第二次专题课，针对流体力学在工程应用中的核心问题——阻力和损失展开，把具体工程实例和流体力学公式直接联系起来，让学生感受到复杂的流体力学方程中每一项与具体流动现象的对应关系。根据学生的反馈，这次专题课产生了多样化的学习效果。有的学生通过这次学习找到了自己的科研兴趣；有的学生直接用课上内容解决了科研课题中的问题；还有的学生理解了之前在数学课上没有理解的微分方程的含义。总之，这个专题课有助于培养学生综合运用理论知识，提出和解决问题的能力。

第三次专题课，是对粘性流体力学中最有深度的问题——湍流理论的精炼与总结。在课堂上列出有关湍流理论的几个核心问题，并与学生一起总结与理解。这次专题课一方面可以让学生在短时间内对经典湍流理论有更好的理解，另一方面又让学生认识到当前湍流研究的成果与不足。王洪伟说："这次专题课是前年根据学生的反馈新加的，但准备这次课非常难。我前后大概用了两个月，看了很多书和文章，才最终总结出了九个问题，共十几页PPT。但这个工作很值得，因为我自己理解的过程也就是确定教学内容和方式的过程，当我确信自己理解到位了，也就知道怎么能

研究生课程：研究性教学的探索与实践

让学生理解了。"这可能就是王洪伟所说的老师应该首先把自己当成一个学习者的意思吧。

两次讲座课放在教学的最后部分，有始有终。王洪伟在讲座课上分享自己从事流体力学实验时丰富的经验和体会，甚至吸引了其他专业的学生专程来取经。柳阳威在讲座课上结合国家的重大需求和国际学术前沿，介绍团队在压气机中湍流模型应用与改进方面的研究思路。柳阳威鼓励学生在科研过程中要有信心，要注重"需求牵引、聚焦前沿、突出原创、独辟蹊径"，讲座课最后，还在课堂上和微信群里用寄语去勉励学生要"志存高远，脚踏实地。乐观宽容，坚韧勤奋。全面发展，德才兼备。奉献航空，成就人生。"

三大类型的课程组织方式，既满足了大部分学生的需求，又提供了深造的途径，与孔夫子"因材施教"的理念不谋而合。通过课程组的共同努力，让学生在知识上、能力上和创造性上都有所提升，使学生真正学有所成、习有所获。这想必才是研究性教学真正想达到的效果。

## 大道至简　忠于教育之本心

讲课，是价值观的体现。以身作则，行为世范，才是为人师长的正确之道。"粘性流体力学"课程教学的成功，也必

"粘性流体力学"教学设计与实践：学生为本　因材施教

定离不开科学的教学理念指导。

"大学教师是在人类知识的传承和发展中起核心作用的职业，这份职业是高尚的，是需要责任感的。作为大学教师必须热爱学习、热心科研、热爱教学。"这是王洪伟作为2018年"立德树人奖"获奖教师，在题为《为知识的传承与发展添砖加瓦》的宣讲报告中的一番话。他对教师的职业素养和价值追求有着很深的体会，一句"真正让学生获益的教学改革，更多的是教师本身的改进"，不禁令人拍手叫好。作为一位致力于"为人类知识的传承做一些小事"的高校教师，王洪伟的勇气令人钦佩。

"提起王老师的教学，最让我印象深刻的，就是生动形象的事例，制作精美的PPT以及信手拈来的作图分析。"跟王洪伟上过课的学生都这么说。每周两节课，他花在思考和备课上的时间不少于30个小时，有时为了如何能更好地给学生讲清一个问题，就要花掉两周的时间进行准备。王洪伟写的《我所理解的流体力学》一书，包含200多幅精美的手绘插图，都是他自己一笔一笔亲手画出来的，一幅简单的图也要花三四个小时，最复杂的用了两天才完成，并且"可以保证，所有曲线图形都可以直接作为工程应用的参考，所有的流动图像都符合实际的流动图画。"这本凝结了他十余年教学体会、耗时近两年完成的心血之作，自出版以来已印刷9次，发行22000册。剑桥大学出版社正在组织人员翻译该书并准备出版英文版，书名为 A Guide to Fluid Mechanics。陈懋章院士如是评价此书："将科学的严谨性与文字的易读性结合，用流体力学的美点燃读者内心的火焰"。

每学期末收集的学生课程反馈，是对"粘性流体力学"课程最客观的评价，毕竟学生的收获才是评估教学质量的唯一的标准。"能够结合生活实际，深入浅出地讲述流体力学的问题，将复杂的问题变得生动有趣""讲解不局限于课本，还传授了研究过程中的宝贵经验，非常棒""重点突出，逻辑清晰，通俗易懂"、"讲的内容很前沿""对今后的研究很有帮助"……同学们对课程教学方法的满意度高达97.62%，这些评价都真实地传达着学生们心中的想法，甚至还有学生从中挖掘出了自身的兴趣，上完课程选择直博，希望专攻该领域的研究。

在所有评价中最难能可贵的，是很多学生写下的简短有力的"有所收获"四个字。作为一门覆盖来自不同学科领域学生的专业应用基础课程，应该更多地培养学生运用知识和自主学习思考的能力，无论他们未来是否从事相关领域的研究和工作，都能从课程中得到收获。这是最好的评价，无论是学生的喜爱，还是教师同行间的称赞，其实都回答了这个最根本的问题。获奖是实至名归，更大程度上也是希望能传播一些好的教学理念，对整体研究生教学起到积极的促进作用。

对于课程后续的发展，课程组希望发挥网络的作用，让视频课与课堂教学互补。网络课程可以作为课堂上具体知识点的补充材料，减少课上讲授时间，让学生课下观看来加深理解，节省出的课上时间可以讲解更有深度的内容，作更多的实例分析。

通过课程教学团队的共同努力，"粘性流体力学"研究性教学示范课程取得了可喜的成果，达到了教与学的目的，教学质量不断提高。改革只有进行时，没有完成时，该课程的教学还在不断完善。在采访的结尾，王洪伟希望更多的专家、教师、学生来听课，提出宝贵建议，进一步改进教学方法，同时也希望"粘性流体力学"课程的教学理念能够对诸君有所启发，对我校研究生教学改革起到一定的促进作用。

（撰稿人　宋超　郭晓瑄）

## 《我所理解的流体力学》前言节选（王洪伟）

苏格拉底说："教育的本质是点燃火焰"。近来还流行一句话："你永远无法叫醒一个装睡的人"。学习实在是一件个人的事，只有学习者才能决定学习的效果。教师在讲台上唾沫横飞，学生在下面埋头大睡的现象司空见惯。即使课本对知识的涵盖再广泛,论述再深入,逻辑再缜密,但如果没人愿意读,也实现不了它的价值。事实上,好奇是人类的本能,而学习则是生活的本质,专门进行学习活动的教学怎么会成了磨灭学习兴趣的凶手呢?

作为一本介绍科学知识的读物,无论是教材,还是专著,亦或是科普读物,能让读者感兴趣,并且能用通俗易懂的方式让读者理解那些高深的理论,是非常重要的。我们的教材真的应该放下身段,从学习者的角度去考虑问题,让更多的人可以在教材中领略科学之美,而不是非得去科普书中热爱科学。严谨和通俗并不是对立的两面,大学教材为什么不能既保持论述的科学性,又能让读者更易读懂一些呢?

## 点评

> "粘性流体力学"课程是一门核心专业应用基础课,内容跨度大,范围广,加之研究生人数多,学习背景和需求又不同,教学难度大。为了提高教学质量,该课程的教学团队积极探索和持续实践,加强教学研究性,按照"学生主体、教师主导"的理念,与研究生一起成为不断探索的"研究者"。该课程教学效果显著,广受学生好评,教学团队负责人王洪伟老师连续四届获得"研究生课程教学卓越奖"。

"粘性流体力学"教学设计与实践：学生为本　因材施教

　　该课程积极贯彻"学生为本，因材施教"的教学理念，在研究性教学方面采取了一系列的有力措施。首先，充分考虑课程特点和专业需要，按照知识扩展、能力提高和创新探索三个层次，拟定有鲜明特色的课程体系，选取合适的讲课内容，力求做到"删繁就简三秋树，领异标新二月花"。其次，按照学生特点对课程内容合理分类和"再加工"，在讲课过程中当好"导游"。基础性内容以经典知识为主线，兼顾教学的易懂性和深度；在课程后期精心安排一些应用性或前瞻性的专题课和学术讲座，扩大知识面和培养创新能力，提供自学和扩展的空间。这些做法可以让不同类型的研究生"各取所需"，取得预期的收获。再次，在讲课中引用大量物理现象和实验场景的例子，结合科学技术发展史，从物理本质引出数学模型和分析理论结果。最后，重视讲课艺术，语言生动，发挥交互式课堂教学的特点，努力提高学习兴趣，启发分析问题的能力。精心制作的多媒体课件和教学视频、富有特色的教材更是添色加彩。该课程对于以课堂讲授为主的理论性强、工程需求广、学生数量多的研究生专业应用基础课程的教学改革有很好的示范作用。

　　**（点评作者：**校研究生教育督导评估组专家、航空科学与工程学院陆启韶教授、朱自强教授）

# 基本科研素养训练之路

## ——记研究生"模式识别"课程的教学设计与实践

---

① 此文原载于 2019 年 6 月 10 日北京航空航天大学新闻网,2019 年 6 月 11 日《北航校报》第三版,收录入本书时略有删改。

你可能很难想象,一位电子信息学院的博士生、一位数学系的硕士生,外加一位计算机学院的同学齐聚一堂,就同一个问题从各自学科的角度出发,各抒己见、思维碰撞会产生怎样的火花?你可能会好奇是什么样的讨论会吸引这些不同学科背景的同学竞相赴会?

你对这些问题的疑惑,都可以在计算机学院王蕴红老师开设的"模式识别"研究生课程中找到答案。"模式识别"是计算机学院的一门核心课程,选课也向对模式识别这一领域感兴趣的相关学院的研究生开放,近三年来,年均听课人数约100名,在同类课程中名列前茅。该课程讲授模式识别的基本概念和代表性方法,课程内容充分借鉴参考国内外一流大学同类课程的内容。该课程旨在使学生在学习掌握模式识别的相关理论和应用的同时,学会提出问题,掌握解决问题的能力,熟悉做研究的方法,全面综合地培养学生的研究素质和探究能力。

王蕴红开设的"模式识别"课程经过多年的积累,在实践中创造性地总结出了"数学理论→物理意义→计算模型→程序实现→结果分析→展示研讨→深入分析"的研究性教学方式。

研究生课程：研究性教学的探索与实践

这种"教学—实践—展示"三位一体的教学模式为更好地培养研究生能力，提供了可借鉴的经验。

## 教学设计：能力培养是核心

"我从2006年春季开始上'模式识别'研究生课程，至今已经十多年了。在课堂上，我希望培养学生独立从事研究工作的能力。具体来讲，在学术研究上能够找到可能的创新点、可以深入做研究的点，具有提出问题的能力和解决问题的能力。"这是王蕴红从开课之初就一以贯之的理念。课程开设之初，王蕴红采用讲授的方式，感到学生的代入感不强。有的学生反映"课堂上讲的公式都能看懂，也都会推导，但不会用，一遇到实际问题就不知道能用什么算法，怎么用"。王蕴红认真分析了这一现象后，找到了原因：学生对于相关概念的理解仅停留于书本上。学生在学习的时候没有建立起从数学公式到物理意义到算法层面的研究思路；在解决问题时没有建立起从实际问题到物理意义到数学模型到算法的工程思路。"'模式识别'这门课程理论推导多，联系实际较少，研讨更少。"谈到课程建设之初的情况时，王蕴红讲道。

分析清楚问题的症结所在之后，王蕴红很快转变了教学方式，在课程讲授时广泛地将理论联系实际。她利用自己多年从事模式识别领域前沿技术研究的优势,将做过的众多系统的研究和应用如:虹膜识别、人脸识别、步态识别、行为识别、视觉监控等,融入到了课程讲授过程中。从分析数学公式的物理意义,再拓展到应用举例,学生们很容易就能理解相关的理论。此举获得了学生们的良好反馈,2017级博士研究生李天一在接受采访时说:"王老师授课认真耐心、深入浅出、循循善诱,善于通过实例有力地说明和简化一些复杂问题。比如,在讲贝叶斯决策时,只根据最小错误概率准则,有可能将一个疑似病例判断成无病,然而在实际生活中,将患病错判成无病的损失往往比较严重,需要承受更大风险,因此若按照最小风险准则,则倾向于判断成患病。"

王蕴红并没有满足这样的成绩,她深知学生能听懂,只是学生能力培养的第一步,这距离课程建设的初心还有很远的路要走。为更好地让学生学会提出问题、掌握解决问题的能力、熟悉做研究的方法、全面综合地培养学生的研究素质和探究能力,王蕴红密切结合该课程基本理论,紧跟国际研究应用热点,设计了课程大作业和研讨课。

## 实践创新:让理论落地生花

陆游有诗言:"纸上得来终觉浅,绝知此事要躬行。"能力的提升不仅要有科学的方法做指导,更离不开学生自身的能动性。在采访中,王蕴红介绍到,模式识别科学是一门应用基础科学,与普通物理、高等数学不同,仅仅通过课堂集中教学的方式往往无法达到"模式识别"课程的教学目标。普通的基于经典算法的课后作业往往只能锻炼学生的动手能力,而忽略了学生创新能力、交流能力和应变能力的培养。王蕴红在多样化教学方式上进行了大胆尝试,采用了"教学—实践—展示"三位一体的教学模式,通过课堂集中教学、课堂提问、课下文献阅读、大作业实践、课堂展示等多措并举的方式来达到"模式识别"课程的教学目标。在教授学生模式识别的经典理论与方法的同时,使学生能够掌握做科研的方法,培养其创新能力、交流能力和应变能力。

每次开课,王蕴红会布置2~3次课程实践大作业。这些大作业密切结合课程基本理论,紧跟国内国际研究应用热点,既夯实了学生的基础,又给学生留出了创新的空间。学生组成4人一组的团队,通过课下阅读文献、动手实现算法、对比分析结果等对大作业中的具体问题深入研究,为研讨课上的展示做好准备。

在2016级博士研究生张帅的课程总结中,他这样写道:"感谢王老师的实践教学。您在整个学期之中,设立了两次大作业和课程展示,形式常见但意义非凡!这样的大作业对我们来说，是难能可贵的。在学生看来，您用心良苦：第一次大作业是在培养我们的科研理论能力，限定 Parzen 窗和 K 近邻两种方法模型，先在自己生成的模拟数据上做不同参数的实验，经过大量经验总结发现每种模型的优势和劣势，然后根据发现的规律，寻求适当的数据集来做真实世界数据集上的应用；第二次大作业是在培养我们的科研应用能力，限定数据集的情况下，在诸多模型之中，任意选取，相互比较，对我们来说宛如经历了一场模式识别界的班内竞赛，同学们拿着自己训练好的引以为傲的模型上台演讲、展示，寻求的只是那 0.1% 准确率的提升与方法、思维上的碰撞。这两次大作业使我产生了很多对研究方法学的理解，这将在我的科研生涯中起到至关重要的作用。"

## 翻转课堂：研讨让实践升华

研讨课上，师生身份互换，教师坐在台下，学生走上讲台，化被动的灌输为主动的讲授，与他人分享，教会他人，这一切让知识变得更生动、更具体。学生们通过课下阅读文献、动手实现算法、对比分析结果等对大作业中的具体问题进行了深入研究，正是在此基础上，高质量的研讨课才得以开展。王蕴红的研讨课联通了课堂内外，任务驱动式的教学给予了学生

研究生课程：研究性教学的探索与实践

们自主创新的空间，学生们不仅收获了知识，也培养了能力。

上了王蕴红的课后，2015级硕士研究生陈昊坚定了继续从事科学研究的信念，成为了2016级的一名博士研究生。他在回忆研讨课时写道："王老师课上让我们每个组都做了展示，台下的我们也对台上的展示有着自己的看法，而且王老师和助教到位的点评与进一步提出的问题，告诉我们应该从什么角度看待别人的展示。另外王老师让我们提问也是在变相锻炼我们提出问题的能力。只有经过这样的训练，我们才能在博士生涯中挖掘创新点、做有意义的工作、发表高质量的论文，在职业生涯中有更好的发展。"

校研究生教育督导评估组在课程推荐意见中这样写道："研讨课上形成了'团队展示→教师提问→研究生质疑→团队回答→教师点评'这一较为完整的课堂研讨方式。研讨中教师重点引导研究生对实验结果的理论分析和创新点的挖掘，展示分析和解决问题的过程，启发研究生去思考如何进行创新性研究。"

"只有经历了算法的磨练，遭遇了无法克服的困难，解决了具体的问题，大家在一起讨论时才有共鸣，有启发，才能看到一个具体的问题能够做到多么深入，可以从什么点切入做深入的学术研究，应用会拓展到什么范围，逐步形成了研究工作该怎么做的认知。"谈及研讨课时,王蕴红说道,"我明显感到学生对于课程的参与热情提高了,学生在研讨课中既收获了成就感,又培养了科学研究的素养。更重要的是,他们体会到了互相启发、逐步走向深入的研究乐趣。希望他们养成同行学术交流的习惯,善于表达自己的观点并且吸收别人的优点,希望这种乐趣能够在他们今后的学习和工作中伴随他们成长。在课堂上,我能够看到同学们的进步,这种巨大的成就感和喜悦是无法用语言表达的。"

## 反哺教学:持续优化是常态

从 2006 年开课至今,王蕴红一步一个脚印朝着她的课程初心不断迈进。

一路走来,不论人工智能是火是冷,她始终坚守着自己的初心,希望全面培养学生的能力。采访中王蕴红不止一次地向记者提到"在这门课中,学生应该能够将想法用数学语言表达、能够分析出物理意义、能够用程序语言实现、能够用中文或英文书面语言写作、能够通过流畅的口头表达向别人传递想法,能够提出问题,完成了这样一整套的科研训练,研究生才具备了初步的研究素质。"她的课程初心就是利用课程这个载体,将上述能力培养贯穿课程始终,培养学生的研究素质。研讨课就是深化上述能力培养的一种有效手段。

一路走来,她用科研工作反哺教学。上过她课的学生都会对她课堂上的提问印象深刻。这些提问或是让学生前后联系、温故知新;或是高屋建瓴地为学生指明学习的脉络;抑或是一针见血、切中要害,直指问题的症结所在……"这些是源于我多年做模式识别研究的经验,结合同学的具体问题和表现给出的观点。"王蕴红这样答道。她丰富的科研经历、工程经验成为学生们无比珍视的宝贵财富。

一路走来,她用生活点滴反哺教学。课堂上,王蕴红常会举一些生活中大家都未曾留意的小例子。比如,元宵节去超市买盒装的汤圆,回家拆开包装发现有一个格子里是空的,如何给出技术方案使这类问题在出厂前能被发现并解决,以此来启发学生思考科研问题与工程问题解决方式的不同;去医院看望生病的同事,回来后,课堂上就有了人工智能辅助医生看片的例子,这让学生看到自己的科研成果可能会挽救许多人的生命,并为此而自豪……陶行知先生有言"学高为师,身正为范",王蕴红身体力行,将思政融入课程,用润物无声的方式,潜移默化地影响着她的学生们。

一路走来,她用课程实践反哺教学。她每年都会认真收集学生们的课程反馈,并以此来不断完善这门课,使同学们更高效率地利用课程学习积累研究能力，让这种能力在他们以后的研究工作中生根发芽，伴学生们成长、成才。在未来的课堂上，她希望不同层次的同学都有发挥能力的空间，部分同学能够参与研讨问题的设计。在王蕴红的意识里，课程的优化只有进行时，没有完成时。她始终尝试着从不同的方面反哺课程建设，把课程优化做成了常态。

## 结束语

王蕴红老师，是一位值得我们尊敬的科技工作者、好教师。她一直秉持"教育是使学生获得终身发展的能力，研究生课程教学通过教师和学生的互动实现教学理念的传达，将相关能力培养落实到具体的培养环节，使学生成为一个掌握专业技能和研究能力、有理想担当的高素质人才"的教育理念。在向她提问，请她给年轻教师提几点建议时，她十分谦逊地说道："我们很多年轻教师很有教学热情，教学水平很高，我也向他们学习。我自己的感悟有两条：第一，做好教师，首先要爱教学，真正能够体会到面对学生教学的快乐；第二，授人以鱼不如授人以渔，知识是能力的载体，培养能力非常重要。"问及其多年的教学心得时，她动情地说到："这门课我的最大感受是：三尺讲台传道授业，教书育人乐在其中！"

（撰稿人　刘毅然）

## 研究生课程：研究性教学的探索与实践

### 📝 点评

人们大多认为培养学生的科学研究能力是导师的事，是在论文工作中完成的事，可王蕴红老师却把它作为一门课程的教学目标。她坚信只有通过学生自己由简到难地反复研究实践，才能真正学懂一门课程的理论知识，发现该领域面临的问题，磨炼创新意识。

多年来，为实现这个教学目标，她努力探索"教学—实践—展示"三位一体的教学模式，就是把学生放在教学活动的中心、教师组织指导教学的过程。在这种模式下，教师要更加深入细致地考虑讲什么？怎么讲？培养学生善于质疑、勇于探索、敢于发现问题的热情和兴趣。在这种模式下，教师必须仔细设计实践教学环节和理论教学环节的内容和关联，使学生适应自主学习的压力，养成研究问题的习惯。教师必须紧跟本领域科学研究的前沿和热点，把自己科研工作中的经验和教训融入到教学中，使学生体验理论如何应用于鲜活的实践，实践又怎么凝练升华为新的理论知识。这种教学模式不可能一蹴而就，要克服转型给师生带来的各种困难，评估每一轮的教学效果，坚持不懈地改进。

这种教学模式，王老师已经坚持了十来年，从学生反馈来看，教学效果越来越好。在授课中可以看到师生间的讨论，在研讨时能够发现同学间不同观点的争论，在展示中常见值得关注作品的涌现。

这种教学模式是普遍可行的。在计算机学院，在全校，还有很多教师在这样做着，他们或许正在路上，他们或许已经做得很好，只是没有被我们发现。如果该模式能在学科多数核心课程中实施，就构成了通往研究生基本科研素质养成的坦途，从而为研究生从事高质量论文研究打下坚实的基础。

　　（**点评作者**：北京航空航天大学研究生教育督导评估组专家、计算机学院金惠华教授）

# 面向工程能力培养的互动式教学模式[1]

## ——研究性教学示范研究生课程"高等软件工程"答记者问

---

[1] 此文原载于 2019 年 7 月 3 日北京航空航天大学新闻网,2019 年 7 月 11 日《北航校报》第三版,收录入本书时略有删改。

# 面向工程能力培养的互动式教学模式

"高等软件工程"作为北航两个一流学科（计算机科学与技术、软件工程）的研究生专业基础核心课程，始终坚持以培养研究生软件工程能力为目标，不断改革创新，优化课程教学模式，构建起了"面向问题探究的互动式课堂"与"创新型课程项目实践体系"相结合的课程教学框架，使学生不仅在课堂上"听得懂"，课下实践也"做得出来"，系统性地培养学生软件工程领域所强调的建模能力。此外，该课程还针对性地采用了"全过程跟踪""阶段性评审""多维度评价"等贴近实际工程的互动式教学模式。

在实际教学中，这种互动式教学模式具体如何设计与运行？如何培养学生的软件工程能力？学生又有怎样的体会与感受？带着这些问题，记者采访了负责人刘超、吴际，计算机学院教师张莉，课程团队的助教以及曾选修"高等软件工程"课程的多名学生。

**记者**：能否介绍一下"高等软件工程"这门课的开设背景和定位，以及教学理念？

**刘超**：软件工程一直是北航的特色和强势学科，"高等软件工程"这门课程在全国较早地确定了以建模作为一个大的要

研究生课程：研究性教学的探索与实践

点来开展教学，在全国也最早引进了 UML 建模语言、编写教材、研发相应的工具。经过多年建设，这门课被评为了学校的精品课、研究性示范课程，也获得了"北京市教学成果二等奖"。

本课程的定位是让研究生了解软件工程的基本理论和核心技术，以及相关的研究发展。在此基础之上，培养研究生应用软件工程方法和技术解决实际工程问题的能力。课程教学理念的核心是如何通过互动有效培养研究生的工程能力。实际上，工程能力的内涵很丰富，涉及两个层面：工程学科的共性部分和软件工程学科的个性部分。共性部分强调如何分析问题，识别问题中的关键环节，抽取特征性、规律性的东西，从而系统性地去解决问题。个性部分则关注如何针对软件项目的具体特征开展分析、设计和验证等。

**记者**：怎样理解互动式教学模式？这门课程的教学模式如何体现工程能力的培养？

**吴际**：互动式教学模式就是在授课和训练过程中，围绕问题进行互动，既让学生理解相关问题并掌握解决方法，又让老师及时了解同学们所面临的困难和共性问题，老师可据此采取办法来优化互动措施和提高工程能力培养的效果。软件工程课程教学经常遇到的共性问题就是同学们"一学就会，一做就错"，其根本原因在于"一学就会"的往往是一般性工程原则和方法,但在面对具体项目时不知道如何应用所学方法和技术来有针对性地解决问题。互动是解决这个问题的一种关键手段,"高等软件工程"围绕课堂教学和项目训练设计了多方位互动措施。

工程能力首先体现在能结合项目具体特征来应用工程原则与方法,从而开展有效的分析、设计和验证等。工程能力的培养主要是做好两件事情:通过迭代方法逐步推进项目训练、多方位互动及时掌握项目进展动态。这门课程把项目训练划分为四个迭代阶段,设置了明确的时间节点,并与课程内容同步。在互动方面,课堂授课互动通过精心设计的案例和问题来引导。项目训练设计了四类互动:助教与项目团队互动提供跟随式指导,助教与老师互动及时沟通项目进展状况和存在的共性问题,在阶段评审时老师与项目团队进行互动,团队与团队互动表现在讨论区和互评。为了支持各类互动,课程组开发了相应的教学软件,保留互动过程中的数据,便于回顾分析和优化课程。

**记者:** 这门课的一个核心内容在于课程项目,无论是课程项目组织形式,还是团队完成项目的过程上都有许多值得探讨的东西,请谈一谈做课程项目的感受。

**刘铠齐**(计算机学院学生):在计算机学院,同学们公认

研究生课程：研究性教学的探索与实践

这门课程任务重且难度大，是名副其实的"大课、重课"。实际上，每周除了正常上课，我们大概还要投入十多个小时到课程项目中。算起来，一个学期用在课程项目上的时间就像老师在课上所说的差不多200个小时。通过这门课的项目训练，我熟悉了完整的软件开发过程，从领域分析和需求分析，到概要设计和详细设计，以及后续的几个阶段。我开始有能力去做实际工程的开发，而不是随意写点代码。在此之前，我还真的不知道实际软件项目第一步应该要做什么，不知道领域分析和需求分析对项目顺利进展的重要性。通过这门课做持续一个学期的项目，我把整个流程串了起来，亲身经历了每个步骤，发现和解决了很多具体问题，感觉能力上有了一个很大的提升。

另外，感受比较深的还有这门课程以团队形式来完成项目训练。我觉得这其实是一种比较典型的软件开发模式，也很符合企业项目开发的实际情况。通过团队训练，大家更直观地了解到实际的软件开发中团队应该如何配合工作、会出现哪些问题、出现问题后要如何解决等。通过团队协作，更加深刻地认识到合作、沟通的重要性，同时也体会到每个人都要对自己的任务负责、对整个项目负责，所以这也是团队组织形式带给我们的积极影响。

**记者**：对课程项目中的选题、查资料、遇到难题后的解决处

面向工程能力培养的互动式教学模式

理等一系列过程,你们是如何进行的呢?老师和助教提供了哪些帮助?这一过程给你带来了什么收获?

**王宁**(计算机学院学生):课程项目启动时,老师会提供涉及不同领域的备选题,我们根据自己的兴趣、能力和对某领域的熟悉程度选择题目,当时我们组选择了程控交换机项目。之后,我们会结合老师上课讲的内容和建议去查阅相关资料,开展领域分析,掌握必要的领域知识,然后开展分析和设计。我记得在两次阶段评审中,我们需求评审做得比较好;但在设计评审中,在交换链路方面出现了理解偏差,幸亏老师及时给我们指出。这个过程中助教也会定期和我们进行交流,帮助我们聚焦问题,通过沟通和指导帮我们解决了很多问题。

我觉得这个课程项目真正地训练了我们的软件工程建模能力。对于一个系统而言,我们之前往往只是从黑盒的角度去理解其功能,现在明白需要考虑系统结构,包括怎么定义系统边界、进行需求分析以及之后的设计建模。需要考虑的东西变得多了,就更要求我们能够抓住核心问题,所以完成项目的过程就是能力提升的一个过程。

**记者**:作为助教,你是如何开展工作的?你觉得给每个小组配备助教这一组织机制有什么作用和效果呢?这项工作对于你自己的科研学习有什么帮助吗?

研究生课程：研究性教学的探索与实践

**韩伦**（研究生助教）：我的工作主要是在整个学期内跟踪2个小组的项目进展，每周要参与他们的讨论并答疑。对于重要问题，我会将其汇总后跟老师讨论，再将指导意见反馈给同学们。在具体指导方面，我会给他们强调要把分析做细致，否则一旦出现跑偏的问题，容易导致返工。其实助教在技术问题指导之外，还会就团队分工、任务分配等提供建议，有时甚至还帮助同学们做一些团队内的沟通和协调。

这门课的助教和其他课程的助教有很大差异。每个小组都配备助教，虽然需要投入的人手和精力变多，但对于解决同学们的具体问题和提高师生间的沟通效率都有很大帮助，多方受益。同时，我当助教时会把我曾经上这门课时所接受的指导以及所出现的问题等经验传授下去，巩固和加强了我的软件工程专业知识，强化了我的软件工程能力，也提高了我的科研能力。

**记者**：软件开发建模是一个抽象但内容又具体的主题，在课堂上老师一般会怎样讲授这些内容？又如何和课堂项目进行很好的匹配呢？上过这门课后，你对软件工程的认识是否有所变化呢？

**王宇**（仪器科学与光电工程学院学生）：软件建模确实很抽象，老师在课程中使用了很多案例来进行讲解，我印象比较深的是地铁站闸机系统这个案例。地铁站闸机看着简单，刷卡进、刷卡出，就这两个简单操作，但老师带我们花了一整节课去分析。原来需要考虑的问题还真是很复杂，比如用户的各种非常规操作。在案例讲解过程中，老师一般都会先抛出问题让我们去考虑，然后进行总结归纳，进而再提出新的问题。不断迭代的互动带给我们很多的启发。

课件内容、案例讲解和项目也很匹配。老师讲完一段比较完整的内容之后，再给我们布置阶段任务，要求在规定时间内完成相应的工作并提交模型。整个学期有多个时间节点，基本保持和课程内容同步，我们必须主动投入，赶节点，不然整个项目就面临无法完成的风险。

我不是计算机学院的学生，课上讲授的很多内容之前也没接触过，原来对软件工程的认知就停留在写代码这个层面。但这门课让我了解到软件工程包含很多内容，从需求分析到架构、从建模到写代码和测试，通过建模训练，对领域分析、约束设计、抓住架构关键点等方面都收获了很多具体的体验，从而在根本上改变了我对软件工程的认识。

**记者**：这门课包括了阶段评审、多方位评价、基于贡献度的评分等创新型的评价机制，你认为这些机制都有什么作用？

**王宁**（计算机学院学生）：首先阶段评审对确保项目的顺利进展非常重要。老师在课上多次强调"交付"的重要性，阶

研究生课程：研究性教学的探索与实践

段交付可以让老师知道我们对知识的掌握程度，也可以暴露问题。阶段评审采用答辩形式，其实对我们来说压力挺大的。面对老师所提的问题，我们一开始不是很能理解，第一反应都是怎么解释或者辩论，但之后明白老师其实是采用问题引导的方法。从阶段评审得到的启发很多，不只是技术，还有如何去理解和沟通别人对你的工作所提的问题。

多方位评价指助教和老师对各个团队的评价，也包括小组之间的互评。互评采用"盲审"，要求评价必须真实客观。通过互评可以发现自己项目存在的很多问题。这个过程让我们不仅学会如何对别人的工作进行评价，也学会如何虚心接受别人所提的问题，这个过程培养了我们的批判分析能力和对他人项目负责任的态度。也出现过有同学在互评时不认真的现象，老师发现后专门就这个问题进行了讨论。我记得当时老师说，如果在课程学习上都不能把握住基本的评价尺度，那将来进入工作岗位怎么能客观公正地去评价别人的工作呢？又怎么相信别人会客观公正地评价自己呢？

基于贡献度的成绩评定其实对保持我们的积极性、学会合理分工和主动完成好自己的任务有很大帮助，组内同学基本都能做到积极主动和负责任地去完成各自的任务。

**记者**：成绩评价是一门课的重要问题，也是同学们最关心

面向工程能力培养的互动式教学模式

的一个问题。在设计这门课程的成绩评价方式时主要考虑了哪些因素？

**吴际：**确实，同学们都非常关心自己的成绩。一种合理的成绩评价方法，一是能够区分出同学们对于课程所强调知识的掌握程度；二是能够追踪到同学们在课程学习过程中的活动；三是能够反映同学对团队最终结果的贡献情况。

在具体设计这门课程的成绩评价方法时，课程组首先考虑的是成绩评价应有助于工程能力培养，其次要基于学习过程的量化数据来设计评分点。这门课程的成绩评定主要采集的数据包括阶段评审、组间互评、助教评价和项目最终验收结果，实际上这些活动持续整个课程。为此我们组织力量开发了相应的课程教学系统，在项目训练过程中采集互动数据，通过数据来及时掌握互动效果，并在数据基础上进行成绩评价。

我们常说，学会"做人"，才能"做事"。在"做人"方面，首先强调诚实，例如每个团队提交的内容都会经过助教和老师的检查，在阶段评审时还会被老师提问和质疑，不可能靠作弊混过去。其次，要客观公正，这反映在两个方面，一是组内所有成员要根据实际情况签订"贡献度分配表"，贡献度差异会带来成绩的差异；二是组间互评，要求所有同学都必须对其他组的模型进行评价，并提供依据。最后，强调虚心接受批评的态度。阶段评审很严格，要求项目组全部同学站在讲台接受质询，而这甚至有时会让同学们"下不来台"，但其实是采取了问题引导策略，先提问题，然后引导出解决方案。所以这几个方面的"做人"训练不是空洞说教，而是融入具体教学事项中，以"细无声"的方式让同学们体会和实践如何"做人"。这是值得工程类课程教学重视的地方，也是今后"课程思政"更应关注的主要内容，目前很多人在讨论工程伦理问题，也有这方面的因素。

**记者：**要完成好"高等软件工程"这门课，学生和老师都需要投入很多精力，老师备课背后需要付出哪些？有哪些挑战？支持课程持续改进完善的动力是什么？

**吴际：**这门课的备课确实需要投入不少时间和精力，既要结合软件工程领域新进展梳理技术内容，也要针对课程项目训练中的共性问题来补充内容和调整优化互动环节。备课的主要挑战在于让学生把一般性工程原则与方法落地，涉及教学案例与互动问题设计、训练项目与评审问题设计等方面。这门课的备课与传统教学的备课有一个显著不同，因为每年的课程项目设置和同学们在课程项目中暴露的问题都会有差异，需要老师在设置课程项目时预判同学们可能会出现的困难，并在授课和阶段评审中进行有针对性的引导。有时，甚至需要针对同学们

面向工程能力培养的互动式教学模式

所提交模型的问题,主动给同学们"加餐",专门拿出课堂教学时间来帮各个项目组分析所出现的问题并提出解决策略。

多年来,每个授课轮次都要投入大量时间进行改进完善。最基本的动力就是"良心",实际上是教师的自我要求。作为老师,如果讲课卡壳,那么学生会有感觉;课程内容年年一样,恐怕很难说老师做好了教学工作。其次,课程组老师都在做软件工程方向研究,在备课和讲课过程中,也会获得一些专业上的启发,所以教学投入对科研也有积极影响。

**记者**:您在这门课的多年教学中有什么感悟?与教学团队新老教师之间的传承和配合有什么建议?

**刘超**:软件工程知识体系庞大,学科发展快,导致软件工程能力的训练难度就大。重点是解决好"原理好理解但方法不会用""项目做不好"等难点问题,通过对软件工程活动的精细化设计和指导,让学生不仅了解软件工程的基本原理和知识,更重要的是使学生通过必要的训练具备软件工程实践能力。作为教师,要避免采用简单的"讲座式"授课方法,避免课下对学生的能力训练"放任自流"。

这就要求我们教师一是要对软件工程领域的主流方法和技术有持续研究,从而紧扣课程目标精选课程重点内容;二是要有必要的工程实践经验,深刻理解工程实践中的核心问题,从而有针对性地设计和细化软件工程实践活动;三是加强师生之间的互动和交

研究生课程：研究性教学的探索与实践

流，调动学生的积极性和主动性；四是要结合软件工程实践中遇到的难点问题，引导学生开展深入的分析研究，学习如何从实践中总结提炼解决问题的方法。这些方面都是我们课程逐年改革和完善所关注的重点。

对于教学团队建设，要遴选优秀青年教师，形成新老结合的团队，确保教学工作的稳定和延续。新老教师要共同备课和授课，一起开展教学研究，同时要充分发挥青年教师的优势和特长，鼓励他们创新教学方法，充实教学内容，开发教学支持平台，加强国内外同行之间的教学交流与合作，"青出于蓝而胜于蓝"，从而持续改进和提升教学效果。

**记者**：您如何评价"高等软件工程"这门课的课程形式以及教学效果？

**张莉**（计算机学院老师）：这门课建设的历史比较长，是我们软件工程领域的强课。这门课在老师和学生中反映都非常好，虽然学生、老师都比较辛苦，但是学生觉得很有收获。这门课也应邀在全国多个计算机和软件工程的教学会议上进行过交流，在国内同行中有一定的影响力。我觉得它与国内的同类课程相比是处于前列的。

这门课程经过多年的发展，授课老师也在不断尝试一些新的教学模式，特别是多方互动，如同学之间互评、助教与同学们的交流，以及在阶段评审中老师和同学们的现场提问与回

面向工程能力培养的互动式教学模式

答等。实际上交流讨论是培养软件工程能力的重要途径,学生提交了作业,需要老师提供反馈来促进能力的不断提升。因此,加强互动是这门课所做的有益尝试。

课程组老师在这门课的投入大家也是有目共睹的。近几年,老师们不断探索新的教学方法和模式,并且投入了大量时间和精力在教学实践中进行应用和改进,确保了这门课持续改进的效果。

**记者**:您对未来的课程设计和发展有什么想法?

**吴际**:关于未来的课程设计,我们希望能够围绕软件工程能力,"点面结合",既有多个阶段的综合训练,也要强调一些重点;适度结合学术研究,基于真实数据或案例数据带领学生去探讨软件工程中一些比较有挑战性和开放性的问题,比如如何挖掘和分析一个软件产品对用户的价值、如何在需求分析中进行创新、如何评价一个需求和设计的质量、如何从工程项目实践中培养学生的基本学术研究能力等。在课程团队上,一位老师的思维总是有局限性,我们希望引入更多青年教师加入教学团队,为这门课程注入新鲜活力;同时更加注重学生团队意识、创新意识和能力的提升。

(撰稿人　廉若菡)

## 📝 点 评

"高等软件工程"课程的教学设计和实践很好地体现了研究性教学的基本理念：以知识教育为依托、以能力培养为主要内容，把学习、研究、实践有机地结合，引导研究生高度参与和主动性的充分发挥，并且创造性地运用知识和能力，自主地发现问题、研究问题和解决问题，在研讨中积累知识、培养能力和锻炼思维，同时养成科学研究的精神和态度。这门课的主要特点如下：

1、以学生为中心。把研究生摆在学习的"中心者"位置，教师的作用转变为指导与辅助。教师避免简单的"讲座式"授课，对研究生的能力训练绝不"放任自流"。调动研究生的积极性，研究生课上、课下的学习时长之比一般都在1:4和1:5之间。

2、多方互动，全程指导。课堂上，针对案例问题，让研究生尝试解决，然后教师讲解，教师和研究生相互提问、讨论。在课程项目中，助教和每个小组沟通讨论。在阶段评审中，老师和同学当场提问，当场回答，同学之间互评、交流，培养软件工程分析问题的能力。

3、强化研究生软件工程的实践能力。通过对软件工程实践活动的精细化设计和指导，让研究生不仅了解基本原理和丰厚知识，而且通过必要的训练具备了软件工程的实践能力，从而解决了本课程"原理好理解，但方法不会用""项目做不好"的问题。

4、模拟软件开发团队的模式，组织研究生通过团队合作的方式来学习、研究和实践。全面增加研究生进行思维训练的机会，同学之间的深入互动，不同观点的碰撞，使他们掌握的知识得以细化和系统化，对知识的理解也更加充分和深入。培养现代工程师必备的工程素养，即团队合作和终身学习能力，做到负责任、会沟通、有能力。

5、全面准确地评价研究生、评价教学效果，跟踪本领域最新研究，不断改进教学。为了使研究生深度参与教学，开展线上各类互动，实现广泛的互评讨论，为了公平、公正地评价研究生学习效果，吴际老师设计了一个课程教学系统，支撑研究性教学。

凡是采用研究性教学方法，都会大大地增加教师和研究生的负担，能不能顶住由此带来的各种压力，是课程改革成败的关键。今天这门课程能顶住压力实现改革，那么对其他的核心课程应当也不是问题。

**（点评作者：** 北京航天航空大学研究生教育督导评估组专家、计算机学院金惠华教授）

# 探究为要　多措并举[①]

## ——"抽象代数Ⅱ"课程研究性教学的探索与实践

---

[①] 此文原载于 2020 年 10 月 15 日北京航空航天大学新闻网，2020 年 10 月 21 日《北航校报》第三版，收录入本书时略有删改。

探究为要　多措并举

抽象代数又称近世代数，产生于19世纪。天才数学家Galois（伽罗瓦）使代数学由作为解方程的近代科学转变为研究代数运算和代数结构的现代数学，把代数学由初等代数时期推向了抽象代数时代。抽象代数作为一门基础要求高、思维难度大、教学难度大的核心基础理论课程，在数学专业研究生培养中具有重要地位。"抽象代数Ⅱ"课程组经过长期改革和实践，在调动研究生兴趣、强化基础知识、引导探究学习、培养研究能力等方面探索出了一系列富有成效的可借鉴、可推广的经验。

## 因材施教　夯实基础

"抽象代数Ⅱ"课程组负责人杨义川老师认为，兴趣是最好的老师，学生只有自己想努力学好时，学习的积极性才能被调动起来。而调动学习的积极性又可以从多方面努力——带领学生建立起学好这门课程的自信心，把抽象的数学用通俗易懂的授课方式引导学生领会课程的内在魅力，通过主讲和助教全员努力＋课堂和课后＋线上线下全程循序渐进地给研究生打好基础。

杨老师说:"每年的招生情况不一样,生源不一样,所以不能每年都套用完全一样的方法来教学。作为老师,我们要充分了解研究生的基础和学习的特点,在结合他们自身特点的基础上对教学进行有针对性的调整和改变。如果研究生基础比较薄弱,可以在开始的时候加加餐,补一补,给研究生适应和消化的时间,然后再逐步加大剂量,在'教师设计教—学生主动学—助教高效辅'的全局模式中提高授课效果,让研究生从一开始就有获得感和成就感,帮助研究生克服畏难心理,为研究生逐渐主动学习和探究打下坚实基础"。杨老师与助教团队以学生为中心思考和制定个性化学习方案,切切实实让处于不同基础的研究生都能获取足够的学习资源和学习助力,快速有效地夯实学习这门课程大厦的地基。

## 案例导引　科教互哺

抽象代数属于近现代数学范畴,它不同于线性代数等大学数学基础课程,在思维和理解方面对研究生的要求要高得多,因此,如何将抽象与实际相结合,从而在学与用之间寻找一个恰当的平衡是关键。那么,如何用研究生容易接受和理解的方式来传输概念呢?课程组坚持从研究生喜闻乐见的、生动活泼的、富有启发性的案例出发,让研究生领悟到抽象代数并没有那么可怕，从而打消对抽象代数的恐惧心理。抽象代数中的一般概念都可以由实际生活和具体数学应用问题中的来源和背景引出。例如，从大家都喜欢玩的幻方①引出正方形的对称；用小学生都明白的奇数和偶数概念引出二元域；用充满神秘色彩又简单易学的"凯撒密码"引出整数的同余类；从正十七边形的尺规作图引出 Galois 理论等。还可以通过将概念与研究生熟知的常识做类比，例如，将代数分类的思想与"打包处理"做类比、将函数与"医学上的 X 光透视"做类比等等。通过丰富的举例、类比，将难以理解的数学概念变得易于接受。提炼共性，总结规律，将概念、定理从众多案例中抽象概括出来，从具体到抽象。这个引导研究生循序渐进的过程，再现前人发现相关概念和结论的思维探索过程，无形中也培养了研究生举一反三、触类旁通、推而广之和总结、凝练的数学创新思维。

在课堂上不仅引导研究生"知来龙，晓去脉"，杨老师还常常将教学问题提升为科研问题，给研究生在学习抽象代数基础上尝试推广已有定义、推论和定理，训练学生的数学创新研究能力。同时，杨老师还注重科研反哺教学。他经常介绍一些学科前沿甚至是还未解决的、与课程内容密切相关的数学问题

---

① 幻方也称纵横图、魔方、魔阵。在一个由 $n$ 行 $n$ 列共计 $n$ 平方个数排列成的正方形数阵图中，图中任意一横行、一纵行及对角线的 $n$ 个数之和都相等，具有这种性质的图表，称为 $n$ 阶幻方。

来启发研究生。在尝试解决科研问题的过程中，通过"理解—思考—寻求解答—凝练提高—再理解—再思考—再解答—再凝练"的螺旋式上升、波浪式前进的方法，研究生进入了体验式再发现代数理论的探索学习之旅，这个过程中的体验将大大激发他们主动学习的数学情结和攻坚克难的数学志趣，持续保持对课程的兴趣与学习动力。

## 分层练习　循序探究

课堂是教学的重要组成部分，但是只抓住课堂是远远不够的，对学习内容的深入理解和探究离不开课后下大功夫。"抽象代数Ⅱ"课程组在教学过程中设置了三层练习：

第一层是帮助对当节课程内容的回顾、理解和消化，"温故而知新"就强调了课后回顾的重要性。

第二层是为下次将要讲到的问题预设难度稍高的思考习题，让研究生在课前思考，带着问题和自己的思考来到课堂。带着问题听课，无形中提高了课堂专注度，也加深了研究生对学习内容的理解，课堂效率得到大大提高。

第三层是在适当的内容和章节中，将与教学内容相关的代数公开问题加以介绍，并布置文献查找和搜索，作为课后阅读练习。把最新的科研成果转化为鲜活的教学资源，用以激发研究生迎接挑战的信心、培养研究生自我探究的习惯，进一步开阔研究生的视野。

为了督促研究生全程学习，"抽象代数Ⅱ"课程的研究性考核目标明确，考核内容多样，评价方式多维。考核贯穿了教学的全过程：

一般情况下，平时考核成绩占50%，其中，翻转课堂成绩占10%，作业成绩占25%，在课程网站和答疑群中参与有效讨论度占10%，还有研究生登录课程中心的次数以及擦黑板等反映其对课程和课堂的努力程度占5%；期末考试成绩占50%。考试不仅仅是对课程基本内容的考察，还考察了学期内课堂学习或课后作业布置的相关文献中的知识或方法等，同时会含有一道区分度高的探究性挑战题目，考试时间半天。

研究生成功撰写研讨小论文可占总成绩的0~100%；能阅读相关参考文献，写出与课堂内容相关的具有一定创新性和专业水平的研究小论文，课程成绩可直接得优。

这种多维的评价体系把对研究生测评的时间跨度拉长到了整个学期，过程和结果一样重要，这就要求研究生从始至终积极参与课堂教学和课后学习，稳扎稳打、踏踏实实增加代数学识，拓展研究能力，提升综合素质。这可以有效避免研究生平时不参与、不努力，实际没有掌握学习重点和难点，期末突击复习应付考试，只为通过考试的不良情况出现。

# 多点发力　久久为功

## （1）坚持组织外籍专家授课

"抽象代数Ⅱ"持续多年邀请和组织外籍专家承担课程不少于16个学时的教学工作，邀请的专家包括德国 W. Rump 教授、K. Keimel 教授、N. Schwartz 教授，美国 M. Zafrullah 教授，意大利 A. Di Nola 教授等。国际著名数学专家授课的过程中除了让研究生在课堂上感受到原汁原味的外语教学外，外籍专家各具特色的授课方式对提高研究生们的学习兴趣也很有帮助，而且，由于各位外籍专家活跃在科研一线，他们在授课中把学科前沿问题自然地融入教学相关内容之中，故不仅开阔了研究生的国际学术视野，也为研究生的科研选题和学术鉴赏起到了潜移默化的熏陶作用。但研究生在最初几次的外教课堂上的语言交流障碍是主要问题。为了不让语言影响教学效果，杨老师坚持全程跟研究生一起随堂听课并做笔记，利用课间有针对性地对相应部分的概念、理论、外教板书习惯等进行画龙点睛的讲解，让研究生在课间休息时就能及时地得到释疑解惑、掌握知识。同时，杨老师要求助教们在课后把外教讲稿整理成电子文档，当天发给同学们学习。这样几节课下来，语言问题就基本解决了，外教授课的效果就得到了有效保障。另外，为了确保外教授课的持续性，杨老师连续五年组织了调整外教授课内容和录制视频的工作，目前已经将课程主要内容录制完成。

### （2）发挥翻转课堂的作用

翻转课堂是"抽象代数Ⅱ"课程组多次成功实施的又一项教学改革举措。该课程难度大，可供研究生翻转的内容需要精心挑选和设计。翻转课堂的学时控制在4个学时左右。在翻转课堂中，首先按照授课内容和关键词确定翻转课堂的主题，再按照主题把教学班级分组，内容难度较大的由指定博士生负责组织。分好小组后，组内同学齐心协力，一起突破难疑点，查找文献，找寻知识之间承上启下的衔接点并展开讨论，共同完成展示PPT。在翻转课堂上，一位或多位小组代表在讲台上讲解各自小组负责的知识点，其他同学、助教和主讲教师可以自由发问。研究生之间合作纠错、交流评价、梳理知识。最终由主讲老师来释疑解惑、点拨启发、归纳总结。在这种课堂交流和讨论模式下，研究生学习的自主性和积极性被充分调动了起来。他们不仅仅是知识的接收者，而且有了机会先给自己输入和扩展知识，再输出和传播给其他同学。这样一来，研究生的参与感和成就感得到了大幅增强，在准备阶段他们积极搜索阅读相关文献，在展示的过程中能感受到自己参与在课堂之中，对相关知识点的理解也在探讨中实现螺旋式加强。

## （3）整合利用互联网技术

"抽象代数Ⅱ"课程组充分利用和整合互联网技术，实现在时间和空间上对有限课堂的延伸和扩展。课程组建立的课程网站有一系列实用资源，分为精彩案例分析、课程资料、双语教材、外教手稿、习题与参考解答等多个模块。为了给研究生夯实基础，使对"抽象代数Ⅰ"课程学习不到位的同学快速进入状态，课程网站上还专门提供了"抽象代数Ⅰ"课程的两类优秀学习资源：电子书籍和授课视频，以便研究生自主学习和查阅。其中，电子书籍包括国内五大优秀的《抽象代数》教材及部分习题参考解答；视频资源包含多位国家级教学名师，以及国际专家主讲的"抽象代数"课程英文视频等资料。课下答疑与交流也十分便捷，通过课程中心、邮件、QQ群、微信群等多种途径，研究生的疑问能得到及时有效的反馈和解答。教师也能及时地了解研究生的学习水平和对知识的掌握情况，以便科学调整授课进度，合理安排习题课和答疑辅导，对研究生普遍存在的问题进行有针对性地阐释、强调和补充。另外，为帮助研究生尽快撰写或查阅高质量数学研究论文，课程网站还建有常用数学写作工具（如数学英文写作讲义、数学论文排版LaTeX软件等）和系列相关研究资源（如中、英文参考文献）

的链接或资料的电子版。

### （4）助教群体助力教学

除了"主讲教师、外籍专家主讲＋习题课"外，为了让研究生更扎实地学习，"抽象代数Ⅱ"课程组还从2009年开始，连续十余年使用主讲教师的科研经费聘请优秀助教帮助研究生改作业、答疑、讲习题课等。最多的时候这门课程一学期用科研经费聘请过四位助教。由于中国研究生从小、初、中、大学期间适应了做作业的学习和训练的模式，因此对西方发达国家一流高校的研究生培养模式，教师需要根据国情研究教学内容、对象、模式、效果。课程组对每位助教的工作要求非常清晰明确，助教必须随堂听课，而且有时会根据研究生听课过程中可能产生的理解困难，被随时请上台，对老师刚讲的内容做补充或总结；每堂课结束后，助教与主讲教师协商，有针对性地布置当天作业题（而不是一成不变的既定题目），作业题电子版在当天要上传课程中心发布；批改完作业后会根据同学完成情况记录平时成绩；每次作业批改结束，助教还需要编写参考答案电子版以及作业问题总结和反馈，及时上传课程中心供研究生反思和提高；平日里同学问的学习问题，也要及时在线解答；助教还会根据研究生学习情况和课程进度情况在课后安排习题课，主要内容是课后作业，或者一些典型易错习题，其

研究生课程：研究性教学的探索与实践

中一些题目会请研究生上台讲解自己的解答和思考，由同学、助教和老师点评；助教的其他工作还包括考试监考、阅卷、录成绩和负责一些学习资料的管理、课程中心的协助维护等。

## 教学相长　桃李芬芳

通过"抽象代数Ⅱ"课程，杨义川老师希望研究生明白，研究生学习与科研是不可分割的。学习的过程不仅仅要学习经典知识，还要用创新的眼光和严谨的态度看待学习的内容。比如，当学习一条定理时，我们不能满足于跟着课本或教材学习如何证明这条定理，还要去想：这个定理的著者是如何得到的，其证明是怎么想到的？定理的前提条件可不可以削弱（适用范围加以推广的创新）？结论可不可以增强（同条件下更优结果的创新）？证明方法能否被简化或者给出新的证明（方法的创新）？……这些问题对每一条定理都可以进行探索和尝试。反过来，科研过程离不开学习，没有一定的知识储备是不大可能凭空创新的。这些观念的转变正如长城不是一天建成的一样，需要由老师长期通过课堂讲授、讲义编写、习题设计、答疑解惑等多种方式来落到实处。比如讲义编写的内容是基础知识与前沿问题并存，甚至在讲义中提出一些与当前知识有关的数学公开问题。老师在讲这门课时不照本宣科，而是逐步引导研究

探究为要　多措并举

生去提出问题，再从问题出发探究解决思路，从思路出发查阅相关文献、吸收前人的宝贵经验和核心思想，然后才会有所顿悟和创新。杨老师曾在记者采访时说道："教学是持续性的工作，需要教师对课程的重视与付出。科研也是一项长期且艰苦的工作。无论是教学还是科研，都需要主动思考、自主学习、总结概况、不断提高。研究生教学不仅仅是传授知识，更要教会研究生步入科研的基本方法和自主探究能力。学无止境，教无定法，即使我们的研究生以后跨学科跨行业发展，他们在科研探索中所掌握的终生的自主学习能力也会让他们在任何行业都能做好。"

该课程的一位研究生刘栋年这样回忆自己的探索过程："我研究生阶段研究的问题就是受了这门课的启迪：Birkhoff-Pierce 1956 年提出的复数域上的格序问题。杨老师带我们进行过与这个问题相关的探索思考，我进行了深入的学习研究，发表了一篇 SCI 文章。杨老师是一位博学且严谨的老师，他的课使我对代数学有了更深刻的理解，尤其是他严谨的学术风格对我的影响很大。也是在那个时期我养成了坚持学习的习惯，去了解有关的国际顶级杂志期刊，追踪学术前沿，有什么不懂的问题，就查文献学习和交流讨论，不断提高自己。"

"杨老师在习题课中让大家思考不同环是否在应用时具备

研究生课程：研究性教学的探索与实践

一些不同的变化，结合我自身的专业，这个问题引起了我强烈的兴趣。我将密码签名体制中普遍使用的整数环换成艾森斯坦环，相关的研究成果发表于数学类 SCI Q1 区期刊。同时身边还有同学从杨老师设置的解决探究性问题中做出了论文，有的已经正式发表于国际重要数学期刊，如 Ann. Pure Appl. Logic，Linear and Multilinear Algebra，Fuzzy Sets and Systems 等。"该课程的研究生吴发国这样说道。

杨义川老师曾经的学生陈艳平教授这样回忆在"抽象代数Ⅱ"课程组做助教的经历："作为这门课的助教，答疑和批改作业任务繁重，尤其是要及时上传当天授课的讲义和听课的学习笔记。常常是临近午夜还没有做完助教工作，这时我们助教最初的决心往往会有所动摇。但当看到杨老师常常在凌晨 2 点多，还在上传、更新或完善教学资料时，又深刻体会到了自己作为助教必须担负的责任和使命。这促使包括我在内的教学教辅团队坚持把提高教学质量变成了我们自觉性的习惯。这些习惯也使我们自己受益终身。例如，当时和我一同做助教的吴雅丽博士最近获得了河北省青年教师教学比赛一等奖，并发表多篇与本课程密切相关的 SCI 论文；我自己获得校级教学成果一等奖，发表的一篇与本课程密切相关的科研论文已被译为波斯语作为伊朗研究生的教学资源；还有几位给杨老师主讲的'抽象代数Ⅱ'课程做过助教的同学分别在国内外一流高校任教，得到了学生的高度认可。"

经过多年的教学与科研的实践，杨义川老师认为：大学与科研院所不同，要以育人为本，以科研为根；研究生培养要重视跨专业、跨学院、跨学校、跨城市、跨国交流合作。多维交流可以让研究生拓展视野，接触新知识、新领域、新思想，让研究生有机会早日实现自我定位，发现自己的兴趣和特长所在，探究学习就成了研究生雕刻在生命之树深处的本能。"抽象代数Ⅱ"课堂不仅仅是播种知识，也是播种行动，播种习惯，播种理念。

（撰稿人　史恒瑞）

## 点评

"抽象代数Ⅱ"是为数学专业研究生开设的一门核心基础理论课，其特点是知识面要求宽，内容高度抽象，教师难教，学生难学。该课程组在教学实践中，结合课程的特点和教学要求，以探究学习为核心，因材施教，提高研究生的学习信心和研究兴趣；通过案例导引、科教互补，分层练习、循序探究，邀请外教任课，开展翻转课堂教学，充分利用网络教学资源，建立全程考核、多维评价的机制等教学方法和手段，不断改进和探索，形成了自己的特色。

课程组的多年教学实践表明,参加该课程学习的研究生不仅掌握了该课程的基本理论知识,打下了坚实的抽象代数基础,而且开阔了他们的视野,锻练了他们的科研创新能力。任课教师在教学中做出的这些努力,得到了研究生的普遍认同和好评,收到了显著的教学效果。

该课程凝练出的教学经验和理念,对于理科特别是数学类研究生课程的研究性教学,提供了一个可供参考的样本,在国内同行中产生了较大的影响。课程主讲教师杨义川教授被评为北京市教学名师、宝钢优秀教师。

当然,对于"一门课程,如何教才是最科学的",不同的教师有着不同的理解和体会。"抽象代数Ⅱ"课程的教学探索与实践也许并不完美,但值得借鉴。

(**点评作者**:北京航空航天大学研究生教育督导评估组理科一组组长,原数学学院党委书记、理学院主管研究生教学副院长高宗升教授)

# 附 录

# 研究生课程研究性教学文献调研综述[①]

---

① 本文执笔：校第四届研究生教学督导组高金源教授（电类小组组长）。本文原载第四届校研究生教学督导组文集（北京航空航天大学研究生院编，2015年5月，内部资料），收录入本书时略有删改。

附录　研究生课程研究性教学文献调研综述

培养具有创新精神和实践能力的高级专门人才是《中华人民共和国高等教育法》规定的高等教育任务，因此，创新人才的培养，特别是培养具有创新能力的研究生已成为各高等学校的重要目标。

研究生创新能力主要体现在创新性地认识问题、分析问题、提出问题和解决问题的能力。从作用上来看，可包含学习知识、观察事物、选择课题、分析问题、表达见解、集成成果、发展理论、贯通实践的创新能力。研究生创新能力的培养涉及研究生培养机制、培养模式、人才选拔以及培养基地和校园环境等各方面，并且贯穿在研究生整个培养过程的各个阶段和各个环节。应该看到，研究生课程学习的教学活动是培养研究生创新能力的重要阶段，没有创新性的研究生课程体系和教学方法，就很难培养出研究生的创新思维，没有创新思维的研究生，就很难做出有创新点的科研成果、撰写出有创新点的论文。

2013年3月，教育部等部门发布的《关于深化研究生教育改革的意见》[①]中指出：要加强课程建设，重视发挥课程教学

---

① 教育部、国家发展改革委、财政部《关于深化研究生教育改革的意见（教研[2013]1号）》，2013年3月29日。http://www.moe.gov.cn/srcsite/A22/s7065/201304/t20130419_154118.html

在研究生培养中的作用。随后，2014年12月教育部又发布了《关于改进和加强研究生课程建设的意见》[①]，强调要更好地发挥课程学习在研究生培养中的作用，提高研究生培养质量，切实转变只重科研、忽视课程的实际倾向；并指出，重视课程学习，加强课程建设，提高课程质量，是当前深化研究生教育改革的重要和紧迫任务。

为了在课程教学活动中培养研究生的创新能力，依照常规传统的"教师为中心，教材为中心，课堂讲授为中心"的"三中心"知识传输和接受式的教学模式是难以实现的。哈佛大学前校长德里克·博克指出，"在大学，最明显的需要是停止对传授固定知识的需要，转而强调培养学生不断获取知识和理解知识的能力。这个转变意味着更强调学术研究的方法，强调论述和演讲以及掌握基本语言的方法，掌握这些方法是获得大量知识的途径。"国际上许多知名一流大学的经验表明，课程研究性教学模式是培养研究生创新能力的有效教学模式。

所谓研究性教学模式，就是以知识教育为依托，以能力培养为主要内容，将学习、研究、实践有机地结合起来，引导学生的高度参与和主动性的充分发挥，创造性地运用知识和能

---

[①] 教育部《关于改进和加强研究生课程建设的意见（教研〔2014〕5号）》，2014年12月5日。http://www.moe.gov.cn/srcsite/A22/s7065/201412/t20141205_1.82992.html

力，自主地发现问题、研究问题和解决问题，在研讨中积累知识、培养能力和锻炼思维，同时养成科学研究精神和态度的一种教学模式。或者说，就是以一种类似科学研究的方式来组织教学并引导学生获取和运用知识，同时培育学生创新精神，提高学生的实践和研究能力的一种教学模式。在研究性教学活动中，教师和学生除了承担传统教学中教学者和学习者的角色，还共同承担起了研究者的工作，教学过程同时也是研究探索的过程。换言之，研究性教学是将教学环节由教师"教"过渡到学生独立"学"的过程，是将学生的认知过程由学习科学真理的认识过程转化到发现科学真理的认知过程。因此，这种教学模式的教学活动要与研究活动相结合，教师主导与学生主体相结合，课内学习与课外拓展相结合，知识传承与知识创新相结合。研究性教学是培养研究生学术精神和创新能力的一种有效教育模式。

## 一、研究性教学的特点

依据对研究性教学有关论文的学习和了解，大致可以归纳总结研究性教学具有如下特点。

### （一）研究性教学的探究和批判性

探究和批判性是研究性教学模式的根本和实质，这是培养创新能力的基础。研究性教学就是要激发学生善于质疑、勇于探索和批判、敢于发现问题的热情和兴趣及内在动机。在这个过程中，不是要求学生被动地记忆教师传授的知识，教学的重点也不在于只传授一种观点，而是广泛介绍不同流派的观点，让学生积极地思考问题，在不同的观点中敏锐地发现问题，寻找新的前沿知识，进而深入分析、正确推理和解决问题，找出科学的规律，从而培养创新研究的能力。

### （二）研究性教学的内容前沿性及不确定性

研究生课程特别是专业课程教学内容的前沿性和不确定性是研究性教学实现教学的探究和批判性的前提，只有课程内容传播新知识和新方法，才能更好地激发研究生的创新动机，并投入更大的研究兴趣和更多的热情。反之陈旧的课程内容和完全确定性的知识会减弱学生的创新动机，并使学生倾向于使用固有思路和方法去解决问题。

### （三）研究性教学的开放性

这是研究性教学的显著特点。开放性表现为以下几方面：一是教学时间的开放性，即教学不仅限于课堂时间，课堂教学只是教学的起点，课后学生要带着课内问题继续思考和研究；二是空间开放性，即教学不仅限于教室，还要扩展到实验室、图书馆、实验基地等；三是内容的开放性，即教师的教学内容不仅限于教材及确定性的知识,而且要拓宽到与课程内容相关的专业领域和不确定性的问题,以扩大学生的视野和激发学生对知识的探索;四是学生思维的开放性,即学生的思维不受教师和教材的禁锢,非常活跃,积极地钻研和思考问题,使思维能力得到不断地锻炼和提升。

### (四)研究性教学的自主性

研究性教学就是把学生摆在学习的"中心者"位置,教师的作用转变为指导与辅助。自主性进行学习和探讨,意味着学习动机来自学生内在的激发,因此,教师要最大限度地调动学生的积极性,引导学生参与教师组织的教学活动,同时提出需要教学和研讨的问题,体现出"要我学到我要学"的转变。通过自主性的学习和探讨,学生可以获得更多的新知识、新方法,思维水平获得更大的提高,做出创新成果的可能性更大。

### (五)研究性教学教师的指导性

教师不是指令性地将书本上的知识灌输给学生,而是在教学过程中发挥重要的指示和引导作用,教师是课程教学的引导者、组织者和参谋者。教师的指导性体现为以下几方面:一是对学习内容的指导,教师的重要作用是指出学习内容的重点、难点和各知识点的地位与相互关系,引导学生提出切中要害的问题,同时指导学生学习与此相关的知识,如指定相关的书籍和期刊杂志等；二是对学习和研究方法的指导，要求教师在教授知识的同时，更重要地是教给学生学习和研究的方法，指导学生如何学习和研究；三是对研究方向的指导，教师应将教学内容与科学研究结合起来，给学生指出学科研究的前沿和热点，列出值得研究的问题，引导学生研究的兴趣。

**（六）研究性教学的互动性**

研究性教学是教师与学生相互学习、相互启发、相互进步的过程。互动性体现为以下几方面：一是内容互动性，即教师在教学中教给学生专业知识，学生也可以根据自己的思考提出需要讲解的问题；二是角色的互动，在教学中，教师可以站在讲台上传道、授业、解惑，学生在台下倾听，也可以互换角色，学生登台阐述自己的思想和观点，教师在台下倾听，诺贝尔奖得主米勒曾说过"最没有效率的学习是坐在教室里听课，一半的时间是在胡思乱想及打瞌睡；比较有效率的学习是讲课，原来一知半解的东西，讲来讲去把自己讲懂了"；三是思维互动，在教学中教师不断地提出问题、分析问题、解决问题，启发学生，学生积极参与讨论，并不断提出需要研讨和解决的问题。

**（七）研究性教学的实践性**

在教学实践中逐步掌握科研能力是研究生学习的基本要求。这种实践能力不仅可以在实验室或社会中培养，课程教学也同样具有实践的特点。研究性教学无疑符合实践性要求，主要体现在以下两方面：一是研究性教学探究的科学问题来自各种实践和研究前沿；二是教学过程不是停留在理论层面，而是要通过实验、调查、研究等实践手段开展，并在实践中学习，通过实践实例帮助学生学习新概念、新知识，并在应用中掌握新概念、新知识。此外，实践就意味着自己要亲自动手，仔细求证，不断调整研究方法和实施手段，并学会根据自己和他人的实践结果修正和完善学术观点。诺贝尔奖得主米勒还说过："最有效率的学习是做研究，原来完全不懂的东西，经过无数次的研讨会，无数次的退稿及修改，到文章登出来的时候，变成世界级专家。"

### （八）研究性教学的团队合作性

研究性教学过程中要倡导学生通过团队合作的方式来学习、研究和实践，以取得创新性的成果。合作学习，一方面进一步使教师的课堂主导权转移到广大学生，全面增加学生进行思维训练的机会，另一方面，需要掌握的知识也经由学生间的深入互动，得以细化和系统化，学生对知识的理解也更加充分和深入。教学要增进学生之间的合作，使学生看到那些与他不同的观点。团队合作对理工科的研究生培养更重要。当今，创新活动通常超越个人行为，而是由多人组成的团队来完成。在

研究生课程：研究性教学的探索与实践

研究性教学中注意培养学生团队合作的能力、精神和品质是十分重要的。

(九) 研究性教学考核的综合性

研究性教学对学生的最终考核是通过考查学生在整个过程中各个方面的表现，重点考查学生的创造力、想象力、表达力等能力素质，给出综合的评价，既要关注最终期末的考试成绩，也关注平时的出勤率、历次作业、论文报告完成状况、研讨会的表现等。正是这种注重过程而不局限结果的严格考核评定方式，才会培养研究生独立思考、善于思辨、熟练写作和表达的能力。

## 二、研究性教学国外简况

研究性教学是 20 世纪 80 年代在国际上普遍实施和认同的一种教学模式。美国及世界上许多著名大学，在研究生教学方面积累了丰富的经验，采取了许多具体措施和方法来实现研究性教学，以期加强研究生创新能力的培养。依所查阅的文献和召开座谈会所了解到的资料（以美国大学的研究生教学为主），教学状况大致可以归纳如下几方面。

(一) 制定清晰明确的教学指导——课程的教学大纲

多篇文章均谈到，为了实现每门课程的教学目标，教师

附录 研究生课程研究性教学文献调研综述

在开课之前均详细制定本课程的清晰明确的教学指导书——课程的教学大纲（syllabus），并于上课前发给选学的每位学生。通常，教学大纲包括课程介绍、课程目标、教学内容、时间安排、考核内容、方式、评分标准和细则、手段等内容，另外还明确列出了每周每次课的教学内容、讨论主题、阅读清单（甚至细化到具体页码）、作业任务等具体信息，以及学生必读事项，例如关于剽窃的判定、论文提交的具体事项等。大纲详尽具体，逻辑清晰、全面透明，使研究生对整个授课安排有了全盘的认识和清晰的了解，便于安排学习。

**（二）教学内容前沿、广泛并不断地更新**

课程采用的教材常是多本最新版的教材，包含了最新的科研成果。文献[1]介绍说，一门课程很少年复一年地采用同一本教材，当年的教材与上一届学生用的教材就有很大的不同，老教材中悬而未决的一些问题，在新教材中一般都能给出解决的方案。更重要的是，几乎所有的课程，教师都会提供有关教学内容的一系列文献资料，反映相关内容的最新进展。文献[12]介绍说，哈佛大学要求教师在课堂上都会旁征博引，将最新、最有代表性的材料和观点介绍给学生。教学内容更强调前沿性和创新性，不仅要求教师置身于学科前沿，密切追踪学术发展新动向，而且要及时给教学注入新资料、新观点与新思路。

### （三）多种灵活的课堂教学方式

针对研究性教学，国外一些大学的研究生课程形式是灵活多样的，并且都强调学生的参与性和参与的质量，体现了研究性教学的特点。下述结合文献的介绍，对常用的三种教学方式加以说明：

#### 1、讲座（lecture）

这种课程教学是基于课程的主要内容或教授个人研究的课堂讲授，可以使学生最大限度地领悟知识点和接受前沿信息。但即使在这种讲座中，教师也积极采用互动的教学，经常对所讲授的内容及相关联的知识进行提问。在讲课中，学生主动提问的意愿很强，都以能提出有深度的问题为荣，只要举手示意就可以打断教师的讲解进行提问，甚至向教师提出异议并争论。正是老师的不断发问和学生的积极参与提问就形成了课堂上师生平等互动的活跃式教学场面。这种讲课方式通常配有助教，他们负责监控上课过程，在讨论问题时也会参与进去，协助主讲教师回答问题。在哈佛大学还有一种与之类似的大课（survey course），以教授的讲座为主，通常在每周大课授课外还会由助教安排一小时的基于教授的讲课内容和阅读材料而开设的课堂讨论课，从而让学生在讨论中去消化教授所讲授的知识。

## 2、研究讨论班（seminar）

这种教学形式是起源德国大学的课堂教学，并迅速在西方的大学中获得推广。这种教学形式是在教授引导和学生大量阅读的前提条件下，基于某个主题的学习板块或学习内容，学生开展自我阐述、讨论，教授以肯定的态度观摩和参与学习。教师很少会具体全面讲解某个知识点的概念、特点、作用、意义之类的内容，而是事先布置本堂课的教学内容以及讨论的主题，要求学生自我学习，查阅相关资料，做好课前准备。在课堂上，教师会围绕重要知识点或拟好的主题组织学生讨论。学生要事先准备好发言 PPT 文件，以个体或小组的形式，阐明主题并展开讨论。教师在课堂上会不时地对学生的观点进行点评，并引导学生进一步思考和讨论，当然也会对重要知识进行归纳总结。通常，一堂课教师的讲解时间不会超过总时长的 30%。从教学目标和组织形式看，研究讨论班完全符合研究性教学的基本要求，是研究性教学的一种科学、有效的方式。关于研究讨论班教学形式的详细介绍见文献 [9]。

## 3、会议式课程（conference course）

这是比较独特的课程形式，上课的基本是学生自己，教授经常担任会议主持人的角色，学生就共同阅读的书或文章轮流做全面评论，然后和在座的其他同学讨论。

不同的国家和学校的课堂教学方式还有一些不同。

文献 [26] 介绍了英国牛津大学研究生课堂教学模式的一般情况。牛津大学研究生课堂教学基本有两种形式，即讲座式和研讨式，但对特定的一门课，研讨课与讲座课的安排并不完全相同，两者的占比通常是 2.5∶1，但也有的课程全采用研讨式或讲座式。总体来说，各专业的研究生课堂教学普遍采用研讨式。

文献 [11、13] 介绍了韩国大学及东京大学研究生的课堂教学模式。文献 [11] 以韩国汉阳大学为例，说明研究生教学模式是多样化的，其中学生人数超过 40 人的课程，采用传统的"传输—接受"型模式，但也渗透了许多现代的教学理念，这种模式约占 10%；学生人数较少时，如少于 5 人，则采用"自学—指导"型模式，约占 10%；采用讨论班模式约占 30%；另外 50% 的课程采用韩国发展的典型"托利派"教学模式，它是对韩国普遍应用的讨论班模式的总结、提炼和完善，提出了以题目引导、研究拓展、课堂展示、师生互动和综合评价为逻辑框架的教学模式，认为这比讨论班模式更规范，具备严密的逻辑性和可操作性，现已发展为韩国研究生教学的典型模式。文献 [13] 介绍了东京大学的研究生教学模式，主要是研究讨论班模式,从介绍的具体方法来看,更接近于会议讨论班模式,认为上课形式虽然也以研究讨论为主,但因为是研究生,更多的是就一个问题作专题报告,所以发言时间较长,约有两个小时。研讨班的通览教材在开学初就开始确定,并确定发言题目和顺序,计划性非常强。研讨课中,发言后设有专门的答疑时间,且时间较长。为了取得良好的评价,研究生都认真准备专题报告。

### (四)相适应的教学环境

为了适应上述的课程教学形式,研究性教学必须建立相适应的教学环境,通常采取如下措施:

#### 1、小班上课

采取小班上课,限定每门课程的人数。通常每门课程限定不超过25人,但通常也不能少于5人。超过25人,不经任课教师批准,学生就不能注册该门课。如少于5人,任课教师可以动员学生参加,管理网站也可以在开学前自动取消本学期该门课的开设。

#### 2、灵活的课堂布置形式

为了适应课堂讨论的教学形式,教室应能适当配置成圆桌会议式或月牙状,充分体现以学生为中心,便于学生参与研讨,使教室成为教师和学生民主、平等地进行学术讨论的场所。

### 3、现代化的教学设备与手段

教室配备完善的多媒体组合教学设备和可靠、信号稳定的互联网是开展研究性教学的重要保障。有的大学建立网络交互系统，便于学生与教师进行实时和非实时交流。在这种系统里，在学生所选学的课程页面里，包括课程内容、通知、作业、邮件、学生名单、大纲、网络链接、成绩簿等多项内容。

### （五）重视教学的实践体验

### 1、案例教学

案例教学是增强学生研究实践体验的重要方法，受到美国大学的普遍重视。据报道，案例教学是哈佛大学比较有创造性的教学实践，有5万多个教学案例供教学科研使用，这种教学方法使课堂与社会实践紧密结合，积极调动教师和学生在课堂的积极性，最大化参与度，保证研究生的培养质量。

案例教学有多种的实施方案。其一是在教学中教师通过案例帮助学生学习新知识；其二是学生可以选择案例验证知识；其三是学生还可以运用知识创造案例。据报道，有的课程专设案例课时，穿插在理论课时中间，案例可由学生兴趣选定，在上案例课之前，教师会为每个人的案例提供一份参考书单，并设计创建案例。上课时老师指定发言顺序，每个人对自己的案例进行阐述，其他人进行提问和评论。

## 2、课题研究

针对课程的教学内容和要求，模拟科学探究过程并完成课题研究也是一种教学实践体验。

在美国大学课堂教学中，教师根据教学内容制定研究主题和相关子课题，要求学生运用自己全部材料积累，选择自己有把握和新颖独立的分析角度进行研究，并撰写研究报告，这样学生的学习效果便会以这种研究实践的形式体现出来。

在最近召开的座谈会上，北航 2 系的一位留学回国教师讲，他在美国大学所学的一门 60 个学时的课程中要完成 4 个课程研究报告论文，仅第一个报告就有 83 页，本校的硕士生看后，感慨地说，"这种课程研究报告比我们的硕士论文更深入"。

在文献 [1] 中，一位留学生说，在"机械设计"课程中一项很重要的任务是实用课题设计，要求设计必须能够解决现实生活中问题的一种机器，从最初的创意到设计，再到样品制造，每一步都要亲自做好。通过这种实践，培养了学生解决实际问题和创新的能力。另一位留学生读的是计算机和管理交叉学科的硕士，其中一门课的主要任务是他和另外五位同学同组完成一个由校外某公司资助的软件开发项目，从用户需求分析、编程、测试到文件建档等，每一步都是由他们组通过分工协作来完成的。在学期末，他总结道："我从这一课题中学到了很多东西，不仅理论知识方面的，更重要的是学到了软件设计的程序和方法"。

（六）广泛采用小组团队合作方式

在美国大学研究生课堂教学中，除了要充分发挥学生自主学习的精神外，还广泛采用以小组为基础、团队合作的学习＋研究的教学方式。小组合作按照项目要求，主要有小组讨论、合作研究创作、合作演示等。

小组讨论主要通过集思广益的方式，加深对新概念、新知识的理解或找出解决问题的办法，例如在文献讨论会前，先组成2~3人的小组进行讨论，最后形成分析结论再与全班其他小组分享讨论结果。

合作研究创作是目前广泛应用的小组合作方式，如前述教学实践活动，多数采用小组合作方式完成，通常由3~4名学生组成小组，合作选定题目，运用所学知识及教师示范技能，进行共同设计与创作研究，包括提出问题、确定目标、制订方案、收集信息及处据分析，并分工完成各项工作。

合作演示则要求小组运用多媒体技术，依据小组讨论或合作研制的结果，设计方案和分工制作，并在课堂进行演示。

小组合作活动将教学变成了教师与学生、学生与学生之间的多方互动，有效调动了所有参与者的积极投入，充分发挥每个人的聪明才智。在小组合作活动中，教师兼作评委，对学生的成果进行评价，并对不足之处给出相应建议。

（七）学生高负荷、高标准的课前与课后的自主学习

不管哪种课程形式，授课教师都要求学生在课前要做好充分的课前预习准备和课后的大量作业。

在每次课前，学生必须认真阅读教师在大纲中或前次课中指定的课外阅读任务（常常有近百页），以便为这次课的讨论或发问做好充分准备。阅读材料一般是教师事先准备好的，也有教师只给话题或提纲，需要学生自己去图书馆或网上收集的。在课前不仅要阅读大量资料，有时还要进行小组讨论，并形成汇报的文本。学生为完成课堂讨论，可能花上数倍课堂时间进行课外准备。

课后，除了要完成下次课的课前准备，还要完成本次课布置的大量作业，并且作业比教师课堂上讲的要难，是课堂内容的延伸。此外，通常每门课都要求撰写1~3篇论文，篇幅为10~20页，还要有一定数量的参考文献（有的文章要求有50篇）。总之，课外的工夫为课内的3~4倍。

正由于每门课的工作量很大，为了保证教学质量，美国大学研究生一个学期只能选学3门课，选课过多，一是学校视

为超负荷，不允许注册，二是难以保证学习效果和质量。

**（八）任课教师学术水平高且执教认真**

研究生教育作为教育的最高层次，决定了其课堂教学的专业性，必然要求教师具有较高的知识水平和学术水平。秉承"一流教师成就一流大学"的观念，美国大学的教师都受过良好的科研训练，只有学术水平及教学质量双高的教师才有资格给学生上课，那些学术水平一般、少有或没有科研项目以及教学水平差的教师是没有资格给学生上课的。这种竞争机制确保了研究生课堂教学质量。

多篇文章均反映，多数任课教师对所承担的课程是极认真负责的，并且关心爱护学生。从所制定的教学大纲就可看到教师备课的深入和细致。有报道称，在教学大纲中指定的众多阅读文献，都会划定具体的页码；如果学生作业未能按时交，教师都会亲自去找学生索取作业；如前所说，教师对作业、报告的批改也是极认真仔细。一位回国的留学生说："我时常为老师对学生这种高度负责的精神而感动[1]"。

**（九）学生自主负责的学习**

在这种研究性教学环境下，研究生普遍的学习特点是积极肯定的学习态度、主动探索的学习热情、自主负责的学习方式、互相帮助的学习氛围、明显突出的学习效果。

## （十）严格缜密的教学评价

研究生教学评价主要涉及两方面：教师对学生的学业考核评价、学生对教师的教学评价。

### 1、教师对学生的学业考核评价

教师对学生的学业考核更重视对学习过程各个环节的综合评价。综合评价除了考核学生的知识掌握程度外，更重视考察学生的创造力、想象力、表达力等能力素质。综合评价的具体项目，依不同学校及不同课程有所不同，但基本特点是，每一门课的成绩取决于多方面的综合表现，而且每个方面都占有一定的比例，这些因素包括课堂上的参与程度、课后作业、专题研究报告成绩、期中和期末考试成绩、出勤情况等，通常期末的考试成绩所占权重不会很高。文献[5]介绍了一门课程考核成绩的组成：课堂报告（占20%）、课堂讨论（占10%~15%）、出勤情况（占5%~10%）、论文写作（占30%）、考试（占25%）。该例说明，对平时学习过程的考核成绩占75%，着重考察学生的学习态度、课外准备以及课堂教学的参与程度。这种评价制度，决定了研究生课前和课后较大的学习压力，学生上课前必须阅读大量相关参考书目，课后要按时完成作业和研究报告。

教师对学生的考核是严格的，除期末考试外，还有期中考试和平时测验，平时应完成的报告、作业的管理和规定都是非常严格的。一位留学生讲[1]，如果作业没有在指定时间之前交上来，总评时这次作业的成绩可能就不算数。同时教师也会在最短时间内认真仔细地完成报告、作业的批改。教师对报告的批阅都会从内容本身的合理性、可行性、语言的表达等方面进行评定，并附上诚恳公正的评价，学生需要进行实时反馈，重新修改。

**2、学生对教师的评价。**

在每门课程结束时，学生还要对教师的教学做出评价，包括学校统一的评价表和教师自行设计的对所授课程的评价表。评价表均包括主观与客观两部分，学生进行匿名的评价，教师均不在场，一份交回学院办公室，一份返回授课教师。

为了帮助教师改进和调整教学，有的还在课程中期阶段就由学生进行评教，以便及时调整教学。其做法是，由学院办公室顾问组织，在教师不在场的情况下，将学生分组，举行15分钟的反馈会议，要求以小组形式完成一份课程反馈表，回答两类问题：列举该课三项主要优势，并简要说明；列举希望能帮助课程学习的三条建议，并解释实施方式。随后办公室顾问归纳整理并与任课教师会谈，还可与学生共同探讨教学调整。这种方法既对教师教学进行评价，又可发现学生面临的普遍问题和共性问题，有利于教师及时进行调整。

## 三、研究性教学国内发展简况

近十年来，国内许多大学也都非常重视研究生的课程教学改革，发表了许多文章分析和研究当前国内硕士生课程教育，特别是课程教学中普遍存在的问题。此外，还有许多文章介绍了针对研究生课程教学进行改革的方案与做法。本文针对所查阅的文章，做简单的总结概述。

### （一）当前课程教学存在的主要问题

第一个问题是很多文章认为，尽管课程教学改革取得了不小的成绩，但一般仍沿用"传授知识，接受知识"的传统教学模式，以教师、教材、课堂为中心的教学制度没有得到彻底改变。课程教学仍然是以教师的讲授、灌输为主，重心依然还是知识的传播，老师在课堂上讲、学生在座位上记，讲完记完，一哄而散，尤其是一些课堂人数较多的公共课，学生的听课效果不甚理想，逃课现象较为严重。这种教学方式的一个最严重的缺陷就是忽视了学生的主动性，学生缺乏学习的自主性与参与性。研究生几年学习下来，尽管增长了一些知识，但运用起来依然很困难，更不要说知识的创新了。

第二个问题是教学内容上研究性、前沿性、应用性不够

研究生课程：研究性教学的探索与实践

突出。课程内容存在严重的重复性和滞后性，同时，部分研究生课程的定位不够明确。研究生的公共基础课、部分专业基础课，甚至一些专业课程，在内容上与本科课程重复，没有凸显研究生教育在课程内容上的要求和特色。由于学生来源不一，基础差异较大，因此容易造成基础好的学生"吃不饱"，基础差的学生"吃不了"的现象，为了统一教学，教师只好降低教学标准，重复讲授部分本科教学内容。

　　文章中反映的第三个问题是，受当前一些学校的政策影响，教师的敬业程度严重影响研究生课堂教学的创新。一些优秀教师往往投入教学的精力严重不足，甚至不愿意从事研究生教学及教学改革研究。很多教师只热衷于传授知识，只是把现有的、自己所熟悉的知识做成多媒体课件，授课成为念课件，借助于现代化的教学设备，从过去教学的动脑、动手、动口到现在的只用动口就可以了，讲课可以一劳永逸。有些教师平时不提学习要求、考前划重点、考试考课件，学生上课往后坐、下课拷贝课件、考前划重点、考后全忘记，研究生轻轻松松取得学分。

　　针对目前硕士研究生课程教学中所存在的问题，许多文章呼吁必须改变传统的研究生教育教学理念，培养研究生由"要我学"改变为"我要学"，由"从书本学"改变为"从研究学"，即大力倡导在硕士研究生教学中推广应用研究性教学模式。

清华大学校长在2014年指出[33]:"要鼓励和支持教师开设小班研讨课,运用研究型、探究式等教学方式,引入翻转课堂等新思路新方式,不断创新教学手段和方法,从而根除知识灌输的习惯做法,激发学生学习的积极性、主动性、创造性"。有许多文章都在研究如何实现研究性教学和培养创新能力的问题,并指出研究性教学是在教学中培养创造性思维方法的一条基本路径。文献[14]、[17]、[22]、[24]、[27]、[31]、[34-37]、[41]、[44]对研究性教学的教学理念与实施问题等都进行了详细分析和讨论。此外,许多学校的教师依据研究性教学理念,针对某些具体课程进行了一些教学改革试验,并取得了一定成效。

### (二)研究生课程教学改革案例简介

文献[15-16]、[20]、[23]、[29-30]、[32]、[38-41]、[43-44]、[46-47]分别介绍了某些研究生课程具体的改革方案,以提高课程的研究性。这些文献多数是围绕改变传统的"传输—接受"的课程教学方式,针对具体课程特点,设计和实现以学生为中心的有关研究性教学模式的改革方案。

下面仅对其中几篇文章,针对具体研究生课程的一些教学方式,分别进行概述性介绍①。

---

① 文中各项小标题系撰稿人所加。

## 1、教师与研究生同行，着力培养学生创新力

清华大学自动化系的赵千川教授讲授"线性系统理论"课程。他认为在教学中要注重研究性教育，要着力培养学生创新力[47]。

他说："老师要有保护学生创新的意识，要有给他营造良好创新氛围的意识。怎样激发学生的创造能力？当学生真正面对一个科研问题时才来想怎么创新确实是有些晚。最好是老师利用课堂这个环境有所培养，也就是说，通过研究生教学培养研究生的创造能力，不单单使得学生学到一些创新的经验，还要让学生有实践的机会，有手把手教他的机会。当学生面临一个全新的课题的时候，往往不知道从何下手，但是如果老师能够协助学生判断、分析，引导他去创新，他会在一个良好的环境中，锻炼创新能力。这样当他自己面对一个新课题的时候，他已经有了训练，起码有点研究经验。"并且，根据自己"看上去很年轻"的特点，特意在课堂上树立一个"大哥哥"似的导师形象，这种亲近的师生关系无疑为导师的引导奠定了基础。

带领学生一起去创新，年轻的老师可以借用自己的年龄优势，更多的是以合作者或者是同伴的姿态与同学们一起前行，做学生的朋友。为了最大限度地激发研究生的创新能力，引起学生对创新的兴趣，赵千川老师不拘泥于课本和形式，常

常把该领域的最新进展介绍给学生,并从多个角度剖析线性系统理论的核心思想、起源与发展的历史,还鼓励同学自拟题目,开展"项目"研究,且可代替期末考试。

### 2、小组讨论和课题研究的方式

清华大学工业工程系饶培伦教授在讲授"工效学与工作组织"课程时,常采用小组讨论和课题研究的方式开展教学[47]。

小组讨论后,每组都要交上一篇一页纸的讨论总结。看到几位来自不同国家的学生在一起叽叽喳喳地商量怎么将一堂课的讨论写成一页的总结时,他说:"这种情景在他们将来工作时总是要经历的。"为了帮助学生尽快明白什么是"做研究",为了在教学中教会学生创新,他将一个研究课题分成4~6个阶段,覆盖确定选题、文献调研、方法论确定、实验设计及数据处理的全部过程,将同学们随机分组,以团队的形式撰写阶段的研究报告,根据阶段情况再给予分别指导。课题整体研究结果最终以口头报告和书面报告的形式呈现。课题的选择具有非常鲜明的实践色彩,如进行手机、汽车以及电脑游戏的人机界面设计及电子北京数字信息亭等项目。在教学过程中要发挥学生的自主性,老师要变教学为引导学生自己学,进而以兴趣和创意开启学生自己的研究方向并为之努力。

### 3、授课、课程项目研究和分组研讨三个阶段的教学模式

北京航空航天大学计算机学院的李巍、李云春两位老师介绍的针对"高等计算机网络"课程教学改革所采取的方案[23]。该课程参考美国教育部1984年推出的"参与学习"的研究报告，采用多元化的教学方法，将课程教学活动分为授课、课程项目研究和分组研讨三个阶段的教学模式。

在授课阶段，教师以专题讲座方式组织教学，并通过问题驱动方式，梳理该专题的研究脉络，通过提出问题并分析其解决方法将最新研究动态和研究方法介绍给学生，课后学生要阅读教师提供的一定数量的参考论文，完成论文评述报告。

随着授课阶段的推进，逐步引导学生进入课程项目研究，提供多种不同类型的课程项目供学生自由选择。该阶段分两部分：确定课程项目的研究专题、组织学生开展课程项目研究工作。学生根据研究兴趣，组成3~4人的研究小组，从教师提出的研究专题选择某个问题进行研究，最后分工写出研究论文。

在研究阶段结束后，进入分组讨论阶段，即教师在课堂上安排小组汇报，让学生展示自己的研究成果。在讨论过程中，教师要及时进行归纳和点评，使讨论不断深化。

### 4、教师课堂讲授与研究生专题演讲相结合

华中科技大学徐静平教授结合"集成微电子器件"课程

教学，提出了一种新的教学模式[38]，即教师课堂讲授与研究生专题演讲相结合。具体做法如下：

将课堂教学内容分为两大部分：课程的前半部分，由老师讲授先进器件的基本结构、基本理论、基本概念以及应用领域；课程的后半部分，根据老师提出的一些新型微纳电子器件专题，学生2~4人组成团队选择其中一个专题（学生也可自拟专题），介绍新型微纳电子器件。课程后半部分内容没有固定教材，完全由学生自己准备。学生根据专题题目在团队内进行分工，每个学生都将经历收集资料、阅读消化资料、分析整理资料、撰写讲解提纲、制作幻灯片等过程，最后由团队推举1~2人，进行资料综合，形成系统性的讲解大纲和幻灯片，并代表团队在课堂上讲授他们准备的专题内容。老师则转换角色，参与听课，并记录讲解过程中的问题和突出之处。讲授完后，安排5~10分钟的提问讨论时间，最后由老师点评，并对讲解不清楚或错误的地方进行补充修正。

几届研究生的课堂教学实践表明，这种教学方式和内容改革的好处如下：锻炼了学生查阅消化资料、整理归纳、文献综述、演讲表达的能力，以及独立开展科研工作并独立分析问题和解决问题的能力，改变了"老师讲课，学生听课"的传统学习模式，变被动学习为主动学习，有助于提高学生学习的主动性和积极性，促进了教学相长，平等参与教学。

**5、基于项目和协作学习的课程教学方法**

华中科技大学何岭松教授在"工程数字信号处理算法与实践"课程教学中采用了"基于项目和协作学习的课程教学"方法[39]，提出了理论教学—项目实践—项目讨论三节循环式的研究型课程教学法，具体做法如下：

①用课堂理论教学为学生提供基本知识框架和自主学习线索，做到"宽"基础，弥补学生本科阶段专业基础知识面的不足。

②用研究型、探索型的小项目让学生主动实践，培养他们的主动学习能力、动手能力、思辨能力和创新能力，并对理论知识和实践知识进行融会贯通，巩固和加强课堂理论教学效果。

③用项目课堂讨论和书面汇报培养学生的写作能力和表达沟通能力。

④以项目为牵引，构建一个研究性的协作学习环境，并通过小组学习形式的协作研究，培养学生的团队合作精神。

新模式课程教学从过去较单一的理论教学扩展为理论教学、实践教学和科研能力培养三方面，并将课程教学内容用设计的三个实际项目串起来。每个项目按照一个小工程应用项目来要求，项目研究内容包括该项目涉及的相关文献资料阅读和综述分析、项目设计方案制订、主要技术难点和技术实现方法以及编程实现，最后还要求学生在完成项目后撰写一个不少于10页的项目研究报告并准备一个10分钟的PPT演示汇报。在课程教学安排上，以每个小项目为一个教学周期，在每节理论课之后，安排一节实践课；项目完成后再安排一节讨论课，让学生汇报项目完成内容、演示所开发完成的项目程序。课程教学进度按理论教学—项目实践—项目讨论三节循环式推进。

### 6、工程基础理论课程研究性教学的探索与实践

国防科技大学电子科学与工程学院王生水教授在讲授研究生基础理论课程"毫米波工程基础"时，探讨了有关研究性的教学方法[46]。

"毫米波工程基础"是电子与通信工程领域专业学位研究生的一门重要的专业课程。电磁场专业的相关课程理论抽象性强、涉及大量复杂的数学公式，该课程存在教师"难教"、学生"难学"、课程"难考"等一系列问题。由于课程的理论性强、公式复杂，因此学生听课时出现了一些消极情绪。如何将学生的学习积极性有效调动起来，是教学中必须解决的难题。通过师生交流和信息反馈，确定以下教学方式：

①布置题目，学生充分利用网络资源，进行资料搜集整理，写成学术报告，在课堂上讨论自己的心得体会。

②举行专题讲座，学生每3人组成一个小组，负责一个专题的讲授，包括确定内容、制作课件、课堂讲授及讨论等工作，充分发挥学生在学习中的主导地位。

③将教师的授课课件提前下发给学生，学生可提前预习，在课堂上可提出自己的不同见解，当堂讨论，加深知识点的理解。

④课程考查采取期末考试结合平时课堂表现及作业完成情况的方式，有效地调动学习积极性。

以上措施的实施，在教学方面取得了较好效果，学生的学习积极性、对知识点的掌握显著增强，教师的讲授困难问题得到了解决，课程考试紧张程度得到了有效缓解。为了实现这种教学方案，老师要布置课后作业，并让学生积极独立完成；成立学习小组合力完成专题研究，课件提前下发引导学生认真预习，鼓励课堂讨论；课程考查要与日常表现相结合。同时教师要进行认真准备，积极组织讨论和认真进行评价。

**7、授课与研讨相结合的方式**

参考文献[32]介绍了同济大学唐益群教授的"软土环境工程地质学"的课程教学改革方案。作者除了对教学内容进行改革，还在教学方法方面采取授课与研讨两大阶段。

在授课阶段，结合教材和专题内容，以精讲多思为原则，向学生介绍一些基本概念和基本理论以及最新动态和发展方向，鼓励学生提出自己的看法与见解，鼓励课堂讨论。

在研讨阶段，教师结合教学内容，提出研究主题，学生自主选题。研讨阶段具体又分为宣布研讨主题、学生研究并撰写报告、分批试讲、课堂正式陈述、师生讨论和教师总结点评、学生修改报告、上交正式报告等环节。

这种教学方式以学生自主性、研究性学习为主，充分调动了学生的主观能动性，也促进了学生对一整套学术研究方法的掌握。为了配合这种教学方案，考试方式也进行了改革，除了传统的考勤、作业和书面考试成绩外，还将学生发现问题、提出问题、分析问题和解决问题能力引入总评成绩中，特别是对在学术报告中能提出有创新性启发性问题的同学给予加分。

**8、开放式研究型教学模式**

华中科技大学机械学院的课程教学模式—开放式研究型教学模式[16]，将传统的封闭式变为开放式，变知识教育为能力培养。

教学目标是培养具有创新意识和能力的研究型人才，其教学方式是建立在学生主动探索基础上的，鼓励学生合作学

研究生课程：研究性教学的探索与实践

习、自主学习、敢于探索，掌握更多的知识和方法。提出"学习是基础、思考是关键、实践是根本"的高素质人才培养的指导思想，并采用"选题、查阅文献和拟定设计方案"的三步研究性学习步骤：

步骤一，选题。教师根据课程内容和学科发展，提出10~20个的研究主题（如环保机械、救生装置、拖把挤水机构设计等）供学生自由选择，并向同学介绍这些研究主题的基本情况，回答学生的提问，使学生在此基础上根据自己的兴趣自由选题。

步骤二，查阅文献。由于大多数学生没有做过研究，没有系统地查过文献，因此教师需要传授学生查阅文献的方法。

步骤三，拟定设计方案。这是最重要与最困难的一环，学生在拟定设计方案过程中由于知识与经验的局限，对设计方案的构思与思路不开阔，不能突破思维定势，因此需要教师引导，引导学生发散思维，激发学生自主学习和探究的动机，增强学生自身参与知识建构的积极性和自觉性。

大力提倡在教学环节以小项目形式组织教学，多给学生以充分想象、自主学习的机会。这种新型的研究性学习方法，对于培养学生综合运用所学科学理论和技术手段分析并解决机械工程问题的能力起到了很好的促进作用。

## 9、教学方案的试验研究

参考文献 [41] 介绍了北京交通大学电信学院张严心教授讲述"智能控制"课程教学中的经验。张教授在连续 3 年"智能控制"研究生课程的讲授中做了试验研究。

第一次是将全部的理论和方法从头至尾地讲述给学生，最后要求学生按照这些方法选择一种，进行实验研究。在学生的实验报告中明显看出，除了教师教授的方法，他们几乎没有新的应用和创新，实验报告有一半写成综述形式，另一半多有抄袭，动手做实验的学生占少数。

第二次是在教学的过程中，提出一些与本专业相关的具体问题，要求学生思考，并用刚学过的知识进行仿真实验研究，在学期末学生以报告的形式汇报给教师。很明显，这次学生的实验结果更丰富了一些，能够自己查阅相关文献，找出能够解决实际问题的有效方法，找出具体软件、仿真工具箱，学生的实验兴趣也提高了，实验报告无抄袭现象。

第三次使用一半课程时间教授基础理论，另一半时间将学生分成小组，每小组 3~4 人，每个小组在教师给定的国际最前沿的成果（与课程直接相关）中自愿选择一篇文章，自主查阅资料，进行实验，最后做成报告形式，并进行课堂讨论。这次的实验报告中，学生没有任何重复现象，小组的每个成员，从翻译文章到查询资料,从做仿真实验到PPT报告,各有分工。课堂讨论极其活跃,正因为学生知道实际问题的关键点和难点,才能够深入探讨和比较各种控制方法,对它们有深入的认识。实践证明,研究生人才培养中"传道、解惑"似乎比"授业"更重要。

**10、学校有组织地推动研究性教学**

空军工程学院通过改革,制定了具体的课程教学实施方案 [20]。

该方案有500多门研究生的基础课及专业课参与试验,他们从优化课程教学目标、更新教学观念、拓展教学内容、创新教学方法、丰富课堂形式和改革考核评价方法等几个方面着手,并有组织、有领导地进行改革,取得了较好的效果。

通过上述这些课程所进行的教学改革方案简介可见,尽管每门课程的具体方法不同,但其共同特点就是,力图改变单纯教师讲,学生听的知识传授的传统教学方法,采取措施增强教学过程的研究性和学生学习和探讨的自主性,实现"要我学到我要学"的转变。

在课堂教学模式的改革过程中,特别是采取研讨式教学模式也会遇到某些问题,文献[25-26]对一些问题做了一些分析,尽管这些文章是几年前发表的,但所提问题至今也值得重视。

## 四、提高研究生课程教学研究性质量的意见和建议

国内外许多文献针对开展研究生课程的研究性教学和提高研究性教学质量的问题进行广泛的讨论,发表了许多具有参考价值的意见和建议,归纳总结如下。

### (一)努力转变教学思想和教学理念,更新教学观念

教学模式是在一定的教育思想、教学理论指导下的教学活动进程的稳定结构形式,教学模式的改变必然会触动教育思想、教学观念、教与学的理论等根本性的问题。因此,实施研究性教学模式的重要前提是改变传统教育思想和教学理念,即要将以"教师讲授为中心、课堂教学为中心、教材内容为中心"的"三中心"传统教学思想和习惯转换为以"学生为中心"注重能力培养的教育理念。清华大学校长在《中国教育报》上说"要改变这种陈旧的教育模式,我们必须变换工作的聚焦点,推动教学工作从以教师、讲授为主体向以学生、学习为主体转变,即从'以教为主'向'以学为主'的转变"[33]。

必须认识到,研究生教育的目的除了塑造人生价值观外,知识获取和能力培养都是极为重要的。对于知识获取应看到,知识具有不确性和构建性,知识的获取方法是多样的,但最终要靠自我构建。知识的应用和创新是研究生教育的核心,批判性思维、创新品质是培养教育的根本。在教育观上,要认识到,

教师不仅是知识传道者,更应是课堂的导演者、前沿技术引领者;研究生既是知识的接收者,更是知识的应用者和创新者。教育的核心任务就是围绕课程教学目标激发研究生学习潜力和学习兴趣,构建有利于研究生学习、研究、能力培养的综合环境。在学生学习观上,应强化有意义的学习和获取知识能力的自我构建,应不断从知识获取向能力、智慧增长的转变,注重自我、能动、协作的学习模式。

自20世纪初,"三中心"的教育模式引入中国以来,又伴随全盘学习"苏联模式"的强化,这种模式已为教育走向规范化、有序化、规模化提供了可能性,被认为是与工业化时期相衔接的教育制度。毋庸置疑,教学管理人员、教师和学生的行为都深受这种教育模式的影响和支配,这无疑成为自觉或不自觉阻碍教育模式转变的习惯力量。因此,必须要着力推动这种转变,教学管理人员、教师和学生都要努力完成这种转变。

为了实现这种转变,教师要逐渐熟悉和了解当今国内外有关以"学生为中心"教育的一些成熟的教学模式,特别是要看到,研究生课程研究性教学的理念是当今有效的一种教育方式,熟悉它并且在此基础上针对具体课程进一步采取措施,可以更好地实现以"学生为中心"的教学理念。

## （二）加强领导，积极推动和支持实现研究生课程研究性教学模式

鉴于传统的教学模式是人们习惯接受的教学模式，教师们熟悉和习惯这种模式，研究生们从小学、中学到大学也一直在这种教学模式下接受教育，如果完全靠教师自发地来转变这种教学模式，将是非常困难和缓慢的。事实上，从文献资料上可以看到，改变教学模式的尝试在十多年前就已开始，但到今天仍没有得到普遍推行，可见这种转变是有一定的困难，因此，要改变这种状况，首先要树立课程建设是学科建设工作的重要组成部分的观念，在此基础上，像清华大学校长所说的那样"必须变换工作的聚焦点"，加强领导，有组织、有计划地采取一定措施，积极推动、鼓励、支持教师开展研究生课程研究性教学模式的研究和实施。为此，建议：

①各级教学领导要充分认识到研究生课程学习在研究生培养中的重要地位和功能，重视课程建设工作，切实转变只重科研忽视课程的倾向，提升课程教学工作地位，加大其在考核评价指标中的权重。

②积极鼓励教师投入研究生的课程教学工作，提高课程教学工作在教师业绩评价中的比重。

③有计划地组织和大力鼓励教师进行课程教学的改革，

提供精神和物质支持。

④建立严格的教师课程教学管理制度,制定研究生课堂教学基本要求。

⑤对研究生课堂教学建立科学的监督评价标准和制度,对研究生教学活动全过程和教学效果进行监督。

⑥资助完善研究性教学资源的配备和教学服务平台的建设(包括适于研究性教学的教学环境,学生自主学习、研究环境与条件等)。

(三)积极优化课程体系和课程内容

为了实现"以学生为中心"的教育理念和实现课程研究性教学模式,必须有与之相适应的教学课程体系。当前,课程设置缺乏规划,重视传输知识而忽视能力培养,特别是创新能力培养的课程不足,课程类型较为单调。每学期研究生必须选学的课程门数过多,一些课程不深不浅,学生整天忙于上课,许多重要课程均为大班课程,学生人数过多,而学时过少,这种课程体系难于实现研究性教学和创新能力的培养。

为此,在贯彻教育部发布的《关于改进和加强研究生课程建设的意见(教研2014〕5号)》文件时,要在"重视课程体系的系统设计和整体优化,坚持以能力培养为核心、以创新能力培养为重点,拓宽知识基础,培育人文素养,加强不同培养阶段课程体系的整合、衔接，避免单纯因人设课要求"的基础上，针对研究生课程的研究性教学需求提出如下建议：

①应根据培养创新能力要求，优化课程设置和课程内容，注意加强课程内容的研究性、探索性、前沿性和跨学科性，拓宽基础知识，注重方法传授，加大教学训练强度，以适应研究性教学要求。

②依据不同学科研究生知识和能力的培养要求，统筹考虑，设置不同类型的课程，如研究方法类、讲座式、研讨式和实践类等课程类型。

③依据不同学科的教学要求，适当整合学位课或重要基础课，建立多学时、多学分课程。

④针对不同学科培养要求，合理安排课程，使多数学生能在规定的课程学习时间内，不必选学过多课程门数即可满足学分要求。

⑤根据每门课程的内容，确定课程的教学方法，并依此限定选学的人数，以适应不同教学方式要求。

⑥在制定培养方案和教学计划时，依不同学科专业要求，规范研究性教学课程体系要求。

### （四）采取措施加强师资队伍建设

在研究性教学过程中，教师是教学活动的组织者，不仅要熟练地传授必要的学科知识,更要指导学生选题、分析问题和解决问题,帮助他们掌握科学研究方法,培养科学意识、科学态度和创新精神。因此,研究性教学对教师提出了更高的要求。

### 1、教师要以全新的观念来调整自己的心态和定位

在研究性教学活动中,教师要把自己调整为参与者的角色,自己不是教学活动中唯一的知识来源。教师不能把自己定位为无所不知的权威,而要意识到自己的知识和看法也可能是错的,是可以加以批判的。

### 2、教师自己要具有创新能力,有自己的研究经验积累

面向研究生的研究性教学活动本身就是一个创新的过程,在活动过程中,随时都可能产生出乎预料的想法。因此,教师要对研究方法有较多的把握,善于发现问题,对随时产生的创造性的思想火花有敏锐的眼光和判断力。如果做不到这一点,就难以驾驭活动的进展。教师除了应当具备组织研究性教学的能力外,更应当具备丰富的理论知识和较高的学术水准,能够始终站在学科研究的前沿,并掌握最新的发展动态。

### 3、教师要具有横跨自然科学、技术科学、社会科学和人文学科的综合的知识结构

由于很多问题都具有综合性和跨学科的性质,因此,研

究性教学要求教师具有综合的知识结构，并且对多个学科前沿问题都有一定的储备。

**4、教师要具有一定的组织协调能力**

知识传授型教学的组织比较简单，因为整个过程基本上是按照教师预先的计划进行的，都在教师的无形的掌控之中。然而，在研究性教学过程中，许多情况是出其不意的，有许多研讨也是不能严格按照计划进行的，甚至有些研讨偏离了计划反而更具有价值。这些对于教师的素质是一种新的挑战。因此，教师的组织协调能力必须表现得恰到好处，既能使活动有条不紊地进行，又能根据情况灵活应变。为此，建议：

①建立研究生课程任课教师审核批准制度，通过各种激励措施鼓励教学经验丰富，学术水平高的教师承担研究生教学工作。

②对每门课程要形成教学团队，开展课程教学准备和研究。

③建立教学技能培训平台，大力开展教师培训，特别是加强对青年教师的培养，充分发挥教学经验丰富的教师的传、帮、带作用。

④建立研究生课程教学研究制度，动员和鼓励教师加强教学理论研究和教育创新实践。

⑤加强教学交流，有计划地开展经验交流，不断提高教师的课程教学能力。

**（五）加强学风建设，充分调动学生自主学习的积极性**

学风问题是影响研究生教育质量的关键问题，学风问题更关系到研究生参加工作后的人生态度与价值取向，关系到国家的未来，学风教育至关重要。对于研究性教学来说，学生是教学的主体，学生自主学习的积极性是教学成败的关键因素。为此要搞好研究性教学，充分调动学生自主学习的积极性是极为重要的，建议：

①教师在教学过程中，必须重视对学生进行学习目的、学习态度的教育，尊重学生的个性、鼓励学生独立思考和自我创造的价值理念，同时还要为学生创造一个非常宽松、自由的学习环境，以便充分激发学生自主学习和从事科学研究的热情。

②在教学过程中要加强对研究生自主学习的帮助和指导，对课程教学与学习计划应做详实安排，对学生课程学习提出具体要求和指导，为学生自主学习创造有利的条件。

③建立融洽的师生关系，促进师生之间的良好互动。尊重研究生的主体地位，鼓励研究生参与教学设计、教学改革和教学评价。

④重视和严控教学过程考核，加强考核过程与教学过程的紧密结合，通过考核促进研究生积极学习。

## 五、结束语

2014年年末和2015年年初，我们依督导组的意见，抓紧时间和精力，在努力完成原定课程调研计划外，针对研究生课程教学的研究性问题做了一些文献资料的搜集和学习工作。通过对教育部有关文件的学习，对研究生课程教学的重要性有了进一步的认识，并根据对网上及杂志上所搜集的文章的研究，通过讨论，写出了本报告。由于认识的局限性，所写的调研综述肯定不全面，错误、疏漏之处在所难免，恳请读者批评指正。

## 参考文献

[1] 徐娟,李传威.北美大学研究生课程教学印象[J].中国研究生,2005(6):40-41.

[2] 胡凯.基于学生主体地位的美国研究生课程教学模式[J].学位与研究生教育,2014,35(9):68-72.

[3] 郭金月.霍普金斯大学保罗尼采高级国际研究院研究生培养模式及其特色[J].学位与研究生教育,2011,32(12):68-72.

[4] 张晓鹏.美国大学创新人才培养模式探析[J].中国大学教学,2006(03):7-11.

[5] 汤新华.美国的研究生课堂教育[J].学位与研究生教育,2008,25(1):73-77.

[6] 季相山,王慧,熊玉英.美国研究生课堂教学特点及启示[J].中国农业教育,2012(03):36-38.

[7] 高芬.美国高校研究生教学中的"教"与"学"[J].学位与研究生教育,2011,28(3):73-77.

[8] 张杨,张立彬.美国高校学生批判性思维能力的培养模式探究[J].世界教育信息,2012,25(01):46-50.

[9] 宋孝忠.习明纳:一种值得探讨的教学和研究制度[J].华北水利水电学院学报(社会科学版),2005(01):67-69.

[10] 刘汕.中美高校研究生教学模式比较与启示[J].研究生教育研究,2013(06):86-90.

[11] 李翠亭.韩国研究生"托利派"教学模式评析[J].学位与研究生教育,2013,30(1):68-73.

[12] 谭鑫.哈佛大学研究生课程教学特色及启示[J].科技信息,2010(17):667-668.

[13] 李光贞.东京大学课堂教学中的研究性学习及启发[J].山东外语教学,2012,33(01):71-74.

[14] 吴瑞林,王建中.研究性教学与研究生创新能力培养[J].学位与研究生教育,2013,30(3):10-15.

[15] 王玉. 对研究生专题研究导向式教学方式的探讨 [J]. 学位与研究生教育, 2005, 22(1):44-47

[16] 杨家军. 开放式研究性教学模式的研究与实践: 中国教育 [EB/OL].（2009-11-03）[2021-04-22]. http://www.edu.cn/zhong_guo_jiao_yu/cooperate/crct/nov09/jxyj/200911/t20091103_418039.shtml.

[17] 王根顺, 包水梅. 论研究生教育中探索性的实施 [J]. 学位与研究生教育, 2006, 23(10):8-11.

[18] 周守军. 研究生教学改革：面向不确定性知识 [J]. 学位与研究生教育, 2010, 27(6):53-57.

[19] 奉公. 面向硕士生的研究型教学初探 [J]. 中国农业大学学报 ( 社会科学版 ), 2004(04):77-80.

[20] 高坤华, 等. 研究生课程教学模式研究与改革实践 [J]. 学位与研究生教育, 2014,31(5):20-23.

[21] 白福臣, 尹萌. 研究型教学模式及其推广研究 [J]. 黑龙江教育 ( 高教研究与评估 ), 2009(06):66-68.

[22] 白福臣. 研究型教学模式在研究生教学中的应用探讨 [J]. 大观周刊, 2011,524(16):112-113.

[23] 李巍, 李云春. 研究型课程教学方法的探索与实践 [J]. 学位与研究生教育, 2008, 25(6):15-18.

[24] 刘亚敏, 胡甲刚. 研究性教学及其在研究生教育中的实施 [J]. 学位与研究生教育, 2006, 23(10):4-7.

[25] 秦发兰,汪华,胡承孝.研究生课程教学中存在的主要问题及对策初探[J].华中农业大学学报:社会科学版,2007(6):148-150.

[26] 蒋婷.反思研讨课教学法在我国研究生教学中的困境[J].学位与研究生教育,2008,25(7):24-28.

[27] 沈文捷,朱强.seminar教学法:研究生教学新模式[J].学位与研究生教育,2002,19(2):43-47.

[28] 高坤华.研究生课程教学模式研究改革与实践[J].学位与研究生教育,2014,31(5):20-23.

[29] 李艳杰,于艳秋."现代控制理论"课程研究型教学实践与探讨[J].中国电力教育,2010(15):53-54.

[30] 杨乐平."问题作业教学"模式在军校研究生教学中的应用[J].学位与研究生教育,2014,31(10):26-30.

[31] 龙宝新.论"研究性课堂"的构架与创建[J].学位与研究生教育,2011,28(7):31-38.

[32] 唐益群,赵化,王建秀,等.硕士研究生课程教学模式改革的探索[J].教学研究,2012.35(1):36-38,41.

[33] 陈吉宁."清华牌"英才必须超越"千人一面"[N].中国教育报,2014-11-24(9).

[34] 闫广芬,高云霞.研究生课堂教学模式的误区[J].高校教育管理,2013,7(03):90-94,114.

[35] 谢小红,余丽华.高校研究生课堂教学质量问题研究[J].

新课程研究(中旬刊),2013(02):75-77.

[36] 宋卓斐,冯运莉,李杰,等.课堂教学中研究生创新能力的培养存在问题及对策[J].教育教学论坛,2014(24):93-94.

[37] 宋继文,章凯,蔚剑枫.通过课堂教学培养研究生研究能力[N].中国教育报,2009-01-23(3).

[38] 徐静平,刘璐,雷青松.研究生课堂教学新的教学模式探讨[J].课程教育研究,2013(28):256.

[39] 何岭松.两年制硕士研究生课程教学改革探索——"工程数字信号处理算法与实践"课程改革实践中的课堂教学改革[J].学位与研究生教育,2008,25(7):61-65.

[40] 胡放荣.提高研究生课堂教学质量的方法探讨[J].科技创新导报,2013,(6):201-202.

[41] 张严心,徐红光,张勇.浅谈研究生教学中教师与课堂作用[J].中国校外教育,2010(24):82-83.

[42] 巫瑞智,李茹民,胡宝瑞,等.在材料测试分析方法课程中实施研究型教学模式的探索与实践[J].高等教育研究,2011,28(4):49-51.

[43] 刘群,王国胤,吴思远.研究型课程教学模式探讨[J].计算机教育,2013(19):50-53.

[44] 籍建东.研究型教学模式与传统教学模式的比较[J].职教论坛,2011(5):43-45.

[45] 龙方.研究生教育中研究性教学问题探析[J].中国科技纵

横,2010(10):116-117.

[46]王生水,柴舜连,刘荧,等.互动式教学在研究生课堂教学中的应用[J].新课程研究(中旬刊),2013(08):74-75.

[47]周襄楠(记者).探索研究型教学之路[N].新清华,2008-11-07(003).

# 北京航空航天大学第五届研究生教育督导评估组成员名单

# 北京航空航天大学第五届研究生教育督导评估组成员名单

**组　　长：** 　郑志明

**常务副组长：** 申功璋

**副组长：** 　　郑彦良

**理科1组组长：** 高宗升

**成　　员：** 　柯孚久　高宗升　杨小远　陈　强

　　　　　　　陈子瑜

**理科2组组长：** 朱立群

**副组长：** 　　高秋明

**成　　员：** 　朱立群　高秋明　乐小云　齐兴义

　　　　　　　杨继萍　孙联文

**文科组组长：** 马步宁

**成　　员：** 　陈向东　杨梅英　郑彦良　马步宁

　　　　　　　李养龙　胥国红　郑丽萍

**电类组组长：**熊庆旭

**成　员：**　　熊庆旭　　董金明　　姚　远　　申功璋　　高金源

　　　　　　　金惠华　　马世龙　　赵　剡　　王少萍


**机类组组长：**陆启韶

**副组长：**　　王春洁

**成　员：**　　单　鹏　　陆启韶　　朱自强　　王春洁

　　　　　　　黄　新　　徐　斌　　姜同敏　　何麟书


（说明：因年龄或其他工作原因，柯孚久、齐兴义、李养龙、董金明、高金源、单鹏、黄新先后不再承担本届研究生教育督导评估工作任务）

# 后 记

# 后 记

为了深入贯彻全国研究生教育会议精神，进一步宣传和推广研究生教学示范研究性课程的经验，现将自2019年3月至2020年10月，研究生院与校党委宣传部合作，在《北航校报》陆续推出的研究性教学示范研究生课程系列报道汇集成册出版，供广大研究生任课教师借鉴与参考。

这五门不同学科、不同类型的研究性教学示范课程，是校研究生教育督导评估组专家历经三年半多次听课与反复研讨的成果，并与研究生院一起广泛听取课程所在学院领导、教师及研究生的意见后确定的。校研究生教育督导评估组组长郑志明院士在系列报道第一篇时专门写了"前言"，副校长黄海军教授为本书写了序。

该系列课程报道不同于一般的新闻报道，专业性和教学学术性强，是以任课老师与受益研究生为主体、记者或学生业余记者采访、任课老师与校研究生教育督导评估组专家逐字逐句修改，研究生院最后把关的集体劳动结晶。每篇报道均贯彻了实事求是的精神，都明确指出了还有提升的空间；同行资深专家对课程做出了点评，指出了课程研究性的特点，从而为教师提供可信、可学习借鉴的参考样本。

校研究生教育督导评估组对研究生课程的研究性教学做了大量的调查研究，并大力倡导开展其探索与实践，为此本书增加了附录内容，把其撰写的"研究生课程研究性教学文献调研综述"一文列入；最后附了北航第五届研究生教育督导评估组全体成员的名单，以向他们五年来的努力工作表达敬意！

在本书出版之际，我们深切怀念英年早逝的示范课程任课教师王晶教授和刘超教授，对他们为示范课程做出的突出贡献表示崇高的敬意和由衷的感谢！

在本书出版之际，我们对学校党委宣传部给予研究性教学示范研究生课程的系列采访与报道表示衷心的感谢！同时对付出辛勤劳动的编者、出版社等各方表示诚挚的谢意！

由于认识和水平的局限所致，本书难免有不妥之处，敬请批评指正。

北京航空航天大学研究生院

2021 年 1 月